让孩子
越玩越聪明的
366个
经典科学游戏

阿卡狄亚◎编著

知识出版社

图书在版编目（ＣＩＰ）数据

让孩子越玩越聪明的 366 个经典科学游戏 / 阿卡狄亚编著 ． -- 北京：知识出版社，2015.1

ISBN 978-7-5015-8377-5

Ⅰ．①让… Ⅱ．①阿… Ⅲ．①智力游戏—少儿读物 Ⅳ．① G898.2

中国版本图书馆 CIP 数据核字（2015）第 005195 号

让孩子越玩越聪明的 366 个经典科学游戏

出 版 人	姜钦云	
责任编辑	李易飏　万　卉	
封面设计	阿卡狄亚·王晶	
出版发行	知识出版社	
地　　址	北京市西城区阜成门北大街 17 号	
邮　　编	100037	
电　　话	010-88390659	
印　　刷	永清县晔盛亚胶印有限公司	
开　　本	710mm×1000mm　1/16	
印　　张	12.5	
字　　数	110 千字	
版　　次	2015 年 1 月第 1 版	
印　　次	2017 年 8 月第 3 次印刷	
书　　号	ISBN 978-7-5015-8377-5	
定　　价	30.00 元	

目录

让孩子越玩越聪明的366个经典科学游戏

第六部分 色彩斑斓的光学世界

第七部分 声音与振动的秘密

第八部分　热与冷的精彩表现

第九部分　水的个性表演

第十部分　在空气中寻找的乐趣

第十一部分　你不知道的人体秘密

第十二部分　神奇的天文地理现象

第一部分　数学王国里的数字推理

1. 倒牛奶的学问

一只桶里盛着矿泉水，另一只桶里盛着牛奶。由于牛奶的乳脂含量过高，必须用矿泉水稀释才能供人们饮用。现在，把A桶里的液体倒入B桶，使其中液体的体积翻了一番，然后又把B桶里的液体倒进A桶，使A桶里的液体体积翻番。最后，将A桶中的液体倒进B桶中，使B桶中的液体体积翻番。此时，我们发现每只桶里盛有等量的液体，而在B桶中，水要比牛奶多出1加仑。现在问题出现了，最开始时，有多少水和牛奶，而在结束时，每只桶里又有多少水和多少牛奶呢？

2. 装棋子

你能把127枚棋子装入7个小盒子里面吗？

需要准备的工具和材料：127枚棋子、7个小盒子。

操作步骤：请大家将这127枚棋子分别装进7个盒子内，并在盒子上标明内装的棋子数，这样，无论在127枚棋子以内任意要几枚，你都能不用打开盒子就数出来。小朋友，你能说出所标的7个数字是什么吗？

3. 猜猜看

你很容易就能猜出握在小伙伴手中的两张纸片上的数字，只要你懂得了下面的方法。

需要的材料：白纸、笔。

操作步骤：在两张纸上分别写上5和10，然后让小伙伴分别握在两只手中。接着让小伙伴将手中的数字分别乘以1、3、5、7等任意一个单数，然后告诉你左右两只手所得到的数字是单数还是双数。此时，你可以很轻松地猜测到得到单数的那只手中的数字是5，而得到双数的那只手中的数字则是10。小朋友们，你知道这是为什么吗？

4. 战士过河

战士们要过河，他们看见有两个小孩划着一条小船向他们靠近了。可是，船太小了，每次只能渡一个战士或者两个小孩过河。但是，战士们很快想出了办法，最终都渡过了河，而且用的就是这条小船。小朋友，你知道战士们是怎样过河的吗？

5.排列次序

小明去教室的时候，发现有6个同学已经到了，而且他们还说是一个接一个到的，但是他们却不肯告诉小明他们到达次序，只是提供了以下说明，让小明猜猜。小朋友们也一起吧，答案不唯一哦！

1. C比E来得早。
2. A在F后面来的。
3. E不是第5个来的。
4. D和A之间有2个人。
5. B紧随E之后而来。

6.巧换轮胎

有一个跑长途运输的司机要出发了。他用做运输的车是三轮车，每个轮胎的寿命是2万公里，现在他要进行5万公里的长途运输，计划用8个轮胎就完成运输任务，怎么才能做到呢？

7.巧打50环

你能只打3枪就得50分吗？你需要怎么做才能做到呢？

需要准备的工具和材料：9个易拉罐、笔、玩具枪。

操作步骤：①把9个易拉罐按1至9的顺序分别标上一个数字，然后3个易拉罐为一组，把它们摞在一起，共摞3组。②规定每一枪只许打落一组中的1个易拉罐，如果一枪打倒了2个或3个易拉罐，就算犯规。③当第三枪打掉第一个易拉罐后，它上面的数字就是比赛者获得的第一个分数，第二枪打掉第二个易拉罐后所得分数是它上面数字的2倍，第三枪打掉第三个易拉罐后，所得分数就是它上面数字的3倍。

小朋友，你知道该如何做才能3枪正好得50分吗？

8.聪明的酒鬼

5个空瓶子可以换瓶啤酒，一个酒鬼在一个星期内喝了161瓶啤酒，其中有一些是用喝剩下的空酒瓶换的。

请问，这个酒鬼至少买了多少瓶啤酒？

9.乌龟和青蛙赛跑

乌龟和兔子赛跑输了，从那以后，乌龟就发誓再也不和兔子比赛了，改和青蛙比赛。一天，乌龟和青蛙进行100米赛跑。结果，乌龟以3米之差取得了胜利，也就是说，乌龟到达终点时，青蛙只跑了97米。青蛙非常不服气，要求再比赛一次。

第二次，乌龟从起点线后退了3米后才开始起跑。假设它们的速度与第一次保持不变，你认为谁会赢得第二次的比赛呢？

10.母女的年龄

小新的妈妈今年比小新大26岁，4年后，妈妈的年龄是小新年龄的3倍，请问，小新和妈妈今年各几岁？

11.分油趣题

16世纪，意大利数学家尼古拉·芳坦娜曾提出了一个分油的趣味题：有一个装了4公斤油的油桶，另外还有两只空瓶，其中一只空瓶可以装2.5公斤油，另一只空瓶可装1.5公斤。现在，要将油桶里的油利用这两只空瓶倒来倒去，平分为两个2公斤。你知道该怎样做吗？

12.神奇的莫比乌斯环

将一个纸圈剪断，它居然没有分成两个纸圈，仍然是一个，只不过是比原来的大一些。小朋友，这是怎么回事呢？

需要准备的工具和材料：旧报纸、剪刀、胶水。

操作步骤：用剪刀把报纸剪成一张5cm宽的纸条，把纸条的一端翻个面，和另一端粘在一起，形成一个扭曲的纸圈。沿着纸圈的中心线把纸圈剪开，你能不能剪出两个纸圈呢？当你剪完一圈后，会不会发现纸圈还是一个，只不过比原来的纸圈长了一倍？

13. 出差津贴

小张每次出差，老板都会给他一些出差补贴，但是，老板发钱的方法很奇怪，他按出差到达目的地的日期数字发钱。例如，小张在本月10日到达目的地，老板就发给他10美元。小张有一个存钱的好习惯，他把每个月的出差津贴一分不少地存起来，7月份，小张一共出了5次差，每周一次。第一次到达目的地恰好是周末，他领到了4美元；以后的4次，一次是星期三，两次是星期四，还有一次是星期五，但这4次的先后次序他却记不清楚了。

聪明的小朋友们，你能猜出小张在这个月存了多少出差津贴吗？

14. 变小了的硬币

硬币看起来明明比洞口大，可是为什么还能从洞口中穿过呢？难道硬币会缩骨术吗？

需要的工具和材料：5角的硬币、1元的硬币、纸、剪刀。

操作步骤：①比照面值5角的硬币的大小在纸上剪一个洞，用面值1元钱的硬币让其通过这个洞。一开始的时候，硬币是无法穿过洞口的。②将纸片对折，使圆洞变成两个半圆，然后将硬币夹在中间，此时，我们轻轻拉动纸向中间靠拢，硬币就会突然从洞中掉出来。小朋友，你知道这是为什么吗？

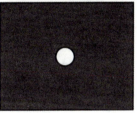

15. 圆圆的杯子

我们是用杯子来喝水的，小朋友，你有没有发现，在我们使用的杯子、瓶子、罐子中，很多是圆柱形的，你知道这是为什么吗？

需要准备的工具和材料：硬纸、玻璃杯、胶水、沙子。

操作步骤：①取3张大小相同的硬纸，分别用胶水粘成圆柱形、三角锥形和长方形3种容器。②在这3种容器中，分别装满沙子。③再把3个容器中的沙子分别倒入3个容量相同的玻璃杯中。这时，你会发现，圆柱形的容器装的沙子是最多的。

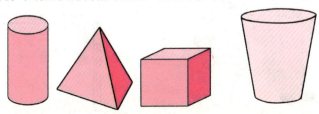

16.两种结果

同样两个动作，由于先后顺序不同，得到的结果也不一样，这是什么原因呢？

需要准备的工具和材料：一本书。

操作步骤：①拿一本书，封面朝上，然后把书从下往上翻个个儿，再按逆时针方向把书旋转90度，结果是书脊对着你，而书的封底朝上。②重复动作①，但先把书按逆时针方向旋转90度，再把它从下往上翻个个儿，你会发现，现在是封底朝上，而书脊离开你了。

17.百万富翁

王教授买来一只两斤左右的鸡，妻子问他多少钱1斤。王教授爽快地说："10元钱1斤。"妻子一听，万分感慨道："养鸡真是不容易呀，要是这鸡是黄金做的，那养鸡的人可就有十几万了。"王教授听后笑着说："要是这鸡是黄金做的，养鸡的人就是百万富翁了。"我们知道，黄金的价格是8万元1斤，请问，王教授和妻子谁说得对呢？

18.折纸

任意的一张纸，你能把它折9次以上吗？

需要准备的工具和材料：一张纸。

操作步骤：任意取一张纸，试着把这张纸折9次以上，注意每次折纸的时候，要整齐地对折，可以把纸横折、竖折，也可以对角折。

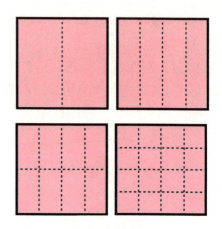

19.奇怪的概率

为什么投掷的次数越多，所出现的概率就越来越相近呢？

需要准备的工具和材料：白纸、笔、骰子。

操作步骤：①画一个6个桌腿的桌子，把桌腿从1到6排上号。②掷一次骰子，在掷出的数所代表的桌子腿上画一道；等到投掷1200次骰子后，记下每次的数目，你会发现有些数会频繁出现。

参考答案

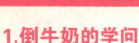

1.倒牛奶的学问

开始时，A牛奶桶里有11/2加仑水，B桶里有5/2加仑牛奶。在倒来倒去的过程结束时，A桶中有3加仑水和1加仑牛奶，而在B桶中有5/2加仑水和3/2加仑的牛奶。

2.装棋子

在7个盒子盖上所标出的7个数字分别是1、2、4、8、16、32和64，这些数字互相组合，可以组成127以内的任何一个数（包括127）。

3.猜猜看

这是因为双数和双数的积永远是双数，单数和双数的积永远是双数，单数和单数的积永远是单数。游戏中，10是双数，5是单数，而我们用的1、3、5、7都是单数，因此我们能很容易地根据上面的道理猜出5和10分别在朋友的哪只手中。

4.战士过河

两个小孩先过河，留下一个，另一个驾船回来，让一个战士乘船过河，然后留在对岸的小孩驾船回来，把另一个小孩带到对岸后，留下其中一个，另一个再把船划回来，再让第二个战士乘船过河。就这样，小船每两次往返过河，就能有一个战士到河对岸去，有多少个战士，就需要重复多少次。

5.排列次序

答案有4种：FCDEBA、CFDEBA、FCAEBD、CFAEBD。

根据5，推出E、B紧邻。根据4，推出两种情形，AXXD或DXXA。X代表未定的两个人。接着安排EB的次序，假设EB在AXXD的

前面，那显然C和F没有合适的位置；假设EB在AXXD的后面，那又和条件3矛盾；显然EB的位置固定，只能位于A和D之间，即AEBD或DEBA。那根据题意，C和F只能在前两位，只是缺少条件确定这两个的先后位置，所以我们的答案总共有4种：FCDEBA、CFDEBA、FCAEBD、CFAEBD。

6.巧换轮胎

如果给8个轮胎分别编上1~8，每5000公里换一次轮胎，可以用下面的组合：123（可行驶1万公里）、124、134、234、456、567、568、578、678。

7.巧打50环

第一枪打第三组的7号罐，获得7分。第二枪打第一组的8号罐，获得8×2=16分。第三枪打第三组已露出来的9号罐，获得9×3=27分。这样加起来，7+16+27=50，了解了这一点后，就可以稳操胜券了。

8.聪明的酒鬼

假设先买161瓶啤酒，喝完以后用这161个空瓶还可以换回32瓶（161÷5）啤酒，然后再把这32瓶啤酒退掉。这样一算，就发现实际上只需要买161-32瓶啤酒即可。我们可以检验一下：假设先买129瓶啤酒，喝完后用其中的125个空瓶（还剩4个空瓶）去换25瓶啤酒，喝完后，再用25个空瓶，可以换5瓶啤酒，再喝完后，用5个空瓶去换1瓶啤酒，最后，用这个空瓶和最开始剩下的4个空瓶再换一瓶啤酒。这样，他总共可以喝129+25+5+1+1=161瓶啤酒。

9.乌龟和青蛙赛跑

相信很多人会认为第二场比赛的结果是

平局，其实是错误的，因为由第一场比赛的结果可知，乌龟跑100米所需要的时间和青蛙跑97米所需要的时间是一样的，因此，在第二场比赛中，乌龟和青蛙是同时到达第97米的，那么，在剩下的相同的3米距离中，由于乌龟的速度快，所以它先到达终点，赢得了比赛。

10.母女的年龄

今年，妈妈比小新大26岁，即两个年龄之差为26岁。4年后，妈妈的年龄是小新的年龄的3倍，也就是说，4年后，妈妈的年龄 = 3 ×（小新年龄 + 4）=（小新年龄 + 4）+ 26岁。所以，26岁是4年后的小新年龄的2倍，所以，小新今年的年龄 = 26 ÷ 2 − 4 = 9岁，妈妈今年是9 + 26 = 35岁。

11.分油趣题

可以分为8个步骤：1.先从油桶里倒出1.5公斤的油，将小瓶装满；2.把小瓶里的1.5公斤的油倒入大瓶中；3.再从油桶里倒1.5公斤的油装满小瓶；4.把小瓶里的油再次倒入大瓶中，将大瓶装满，这时，小瓶里剩下了0.5公斤的油；5.把大瓶里的2.5公斤的油倒入油桶中，这时，油桶中就有3.5公斤的油；6.把小瓶中的0.5公斤的油再次倒入大瓶中；7.再从油桶里倒出1.5公斤的油，将小瓶装满，这时油桶里就剩下2公斤的油了；8.最后把小瓶里的1.5公斤的油倒入大瓶中，于是大瓶里也是2公斤的油。

12.神奇的莫比乌斯环

原来，这种扭曲的纸圈有一个特点，它只有一个面，也就是说，不分正反面。不相信的话，你可以试一下，用铅笔在纸上画一条线，铅笔划过整个纸圈后，还是会回到出发点，这种纸圈在拓扑学上叫作莫比乌斯环。

13.出差津贴

已知小张第一次领到4美元的日期是当月的4日，而且是星期六，这样就能推算出当月另外4个星期天分别为5日、12日、19日和26日。从月历上可以看出，每周到达目的地那天的日期，等于该周星期日的日期，加上到达目的地那天是星期几这个数，那么，小张这个月内领到的钱为4 + 5 + 12 + 19 + 26 + 这4个到达目的地的星期几数字之和。所以，小张这个月存的出差津贴为：（4 + 5 + 12 + 19 + 26）+（3 + 4 + 4 + 5）= 82（美元）。

14.变小了的硬币

在纸上剪出的这个洞口原来是在二维空间里的，当我们将纸对折，并拉动纸使其向中间靠拢的时候，圆洞此时就不是在二维空间里的了，而是变成了三维空间里的椭圆形。此时，椭圆形的直径会大于原来圆形的直径，因此，1元钱的硬币就很容易地通过了。

15.圆圆的杯子

根据几何原理，在外周长相等的情况下，圆的面积比其他任何形状的面积都要大，而表面积相同的容器，圆柱形的容积是最大的。所以，3 种容器中圆柱形的容器装的沙子最多，因此杯子等容器做成圆柱形是为了多装东西。

16.两种结果

运动的方向和位置也是数学研究的内容之一。游戏里面的两种情况虽然都是同样的翻动和转动两个动作，但它们的先后顺序不同，结果也就不一样了。

17.百万富翁

按照不同的理解方法，两个人的说法都对。妻子的理解是两斤鸡16万，是按照鸡的重量来算的。而王教授是按照鸡的体积来算的。鸡的比重约为2斤/立方分米，黄金的比重约有38斤/立方分米。如果这只鸡是黄金做的，那么它将有30多斤，这样的话，养鸡人当然就可以称得上是百万富翁了。

18.折纸

这个游戏是一个几何级数问题。在折纸的时候，第一次，纸折成两层；第二次，纸折成4层；第三次，纸折成了8层。连续不断地折下去，纸的层数也不断地增加。当你折到第七次时，纸成了128层，这就好像你在折一本书了，要想折9次以上，实际上是做不到的。

19.奇怪的概率

当你掷一个骰子的时候，出现4的概率和出现6的概率是一样的。投掷了120次以后，每个数平均大约出现20次。虽然有些数出现得多，有些出现得少，但是大体上是差不多的。如果你投掷了1200次，你会发现每个数出现的次数差不多——每个200次。

第二部分　千奇百怪的化学天地

20.旧硬币变新

硬币经过长时间的流通后，就会变得又脏又黑，看起来很不舒服，现在就来教你一个将旧硬币变新的好方法。

需要准备的工具和材料：又脏又黑的硬币、食醋、杯子。

操作步骤：把又脏又黑的硬币放在杯子里，往杯子中倒入食醋，使之淹没硬币。过15分钟后，将硬币从食醋中取出，再用纸巾将其擦拭干净，硬币就会变得光亮如新了。

小朋友，你知道这是为什么吗？

21.水果清洁剂

在刷盘子的时候，突然发现没有洗洁精了，面对油乎乎的盘子，是不是很头疼呢？不用担心，学会了下面的妙招，一切就迎刃而解了。

需要准备的工具和材料：苹果、水果刀、带油的盘子。

操作步骤：①用水果刀将苹果切成片，用切好的苹果片擦拭带油的盘子，就像擦桌子一样。②把用苹果擦拭过的盘子用清水洗一下，你会发现，油污神奇地消失了。就像用洗洁清洗过一样。

小朋友，你知道这是为什么吗？

22.神奇的瓶塞

一只小小的酒瓶也是实验室的材料，是不是感觉很奇怪呢？下面，为大家介绍一个关于酒瓶的实验吧。

需要准备的工具和材料：空酒瓶一个、小苏打、白醋、软木塞。

操作步骤：①在空酒瓶内放入小苏打，大约放入3~4克就好，再往空酒瓶内倒入一些白醋，然后迅速塞上软木塞，不要塞得太紧，不漏气即可。②塞好后，将酒瓶平放在地面上，片刻后，瓶子便会"嘭"的一声将塞子弹射出去，而瓶身则会向后反冲。

小朋友，你知道为什么会产生这种现象吗？

木塞　白醋

小苏打

23. 模拟火山爆发

我们很多人都在电视或是书上看见过壮观的火山爆发，但却从没有亲眼目睹过，你想亲眼看一下火山爆发的样子吗？下面就教你一种简单的模拟火山喷发的小实验。

需要准备的工具和材料：瓶装汽水、托盘、小苏打。

操作步骤：①把瓶装汽水的瓶盖打开，将汽水放在托盘上。②向汽水中加入一小勺小苏打，这时你会发现，汽水瓶会冒出一些小泡泡。再过一会儿，你就能看见"火山爆发"的壮丽奇观了。

你知道这到底是怎么回事吗？

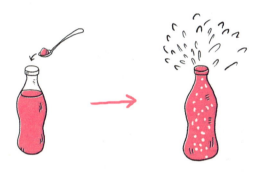

24. 糖去哪儿了

把一块糖放在水中，你知道放在水中的什么位置，糖溶解的速度最快吗？是上部、中部还是底部呢？为什么？

需要准备的工具和材料：糖块3个、玻璃杯3个、细绳3条。

操作步骤：①把3个糖块分别用3条细绳捆好，往3个玻璃杯里分别注入大半杯水。②将捆好的糖块分别放入玻璃杯中：一块吊在水的表面、一块吊在水的中央、一块沉入杯底。③经过仔细观察，你会发现，吊在水面上的糖块溶解得最快，第二是吊在水中央的糖块，而放在杯底的糖块溶解得最慢。

你能解释一下这是为什么吗？

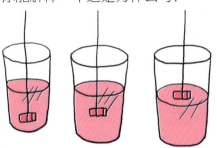

25. "神奇" 复印机

我们在需要复印的时候，一般会去复印店复印，或是选择家用复印机。但是，如果我们看见好的文章，而周围又没有复印机的时候，该怎么将它复印下来呢？下面就来教你一个简单的复印方法。

需要准备的工具和材料：水、松节油、洗涤剂、海绵、白纸、小勺、一只杯子。

操作步骤：①取两勺清水、一勺松节油、一勺洗涤剂，混合放入杯子里，并加以搅拌。②用海绵蘸取适量搅拌后的液体，轻轻涂在想要保留的图片或文章上。③涂完后，将一张白纸盖在被涂的图片或文章上，然后用小勺的背面反复用力碾压白纸，最后揭下白纸，就复印好了。

小朋友，你知道为什么这么做可以复印纸上的文字和图片吗？

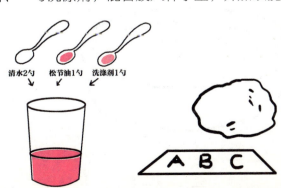

26.美味豆腐脑

豆浆、油条、豆腐脑，多么美味的早餐食品！如果能吃上自制的豆腐脑，该有多好啊！下面我们就来学习一下，如何自制美味的豆腐脑。

需要准备的工具和材料：豆浆机、干黄豆、水、盐、小勺。

操作步骤：①把干黄豆用水浸泡4~6个小时，然后捞出，放入豆浆机中，在豆浆机中加入适量的水，按下开关，20分钟以后，热豆浆就做成了。②用过滤网将热豆浆过滤一下，把豆渣滤出。③在盛有热豆浆的碗中加入一小勺盐，过一会儿，热豆浆上就会漂起一层白花花的固体。如果重复几次，随着每次加入的盐量的不同，蛋白质析出的胶粒会越来越多，最后变成豆腐花。

请问，你知道这样操作是利用了什么原理吗？

豆浆机   盐

27.变色温度计

我们发烧后，去医院就诊时，医生总是要先用温度计给我们测量一下体温。其实，我们自己也可以动手制作一个温度计，那就是用颜色的变化来指示温度的温度计，到底该怎么做呢？请看下面的步骤，然后请你说出它的工作原理。

需要准备的工具和材料：氯化钴晶体、95%的乙醇、试管、酒精灯。

操作步骤：①在试管中加入大约半试管的95%的乙醇和少量的氯化钴晶体，轻微摇晃试管，使其完全溶解。②用酒精灯将试管加热，在加热的过程中，我们可以看见液体的颜色由常温下的紫红色，逐渐变成了蓝紫色，一直到纯紫色。

小朋友，你知道为什么会产生这样的变化吗？

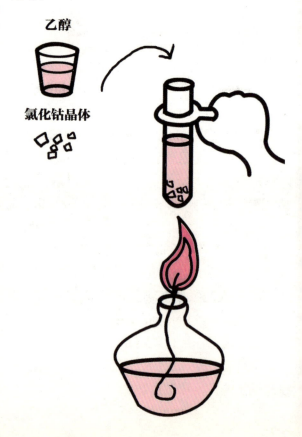

乙醇

氯化钴晶体

28.巧用废旧电池

生活中，我们用完的废旧电池，要做到回收利用，有利于环保。你知道废旧的电池身上有哪些宝贝吗？

需要准备的工具和材料：废旧电池、稀硫酸、高锰酸钾、剪刀、烧杯、石棉网、酒精灯、过滤装置。

操作步骤：①回收锌。用剪刀剪下废旧电池的外皮，洗净后剪碎晒干，即可得到一个小锌片，可用于制氢气。②回收铜。取下废旧电池上的铜帽，先用煮沸的稀硫酸洗涤，再用清水洗干净，然后晾干，就会得到紫色的铜片。③回收碳棒。从废电池中取出碳棒，洗净即可。它可作为电解时的电极和燃料电池的电极等。④回收二氧化锰。取出干电池中的黑色粉末或糊状物，放在烧杯里，加热水，并搅拌，洗涤2~3次，除出其中的氯化铵和氧化锌等可溶物。可滤出黑色沉淀物，将其放在石棉网上，略冷却，加入一勺高锰酸钾，充分研细均匀，再次加热灼烧，待不出现火星后，再次冷却即可。

29.巧除水垢

热水瓶如果使用时间过长，里面就会结一层厚厚的水垢，怎样才能清除这层水垢呢？现在，教你一个简单的除水垢的方法。

首先，把结了水垢的热水瓶清空，往热水瓶里加入一水杯左右的食醋，再加入少量的热水。然后将瓶盖盖好，拿起热水瓶晃动一分钟，不时地打开盖子放一下气。等过一段时间，热水瓶中的水垢就会消失了。

醋和热水可以去除水垢，你知道这是根据什么化学原理做到的吗？

30.浊水净化

小朋友，你知道该怎样净化浑浊的水吗？下面，就教给你一个小方法。

需要准备的工具和材料：半杯浑浊的水、一小勺明矾。

操作步骤：①在半杯浑浊的水中加入一小勺明矾，并加以搅拌直到明矾完全溶解。②静置15分钟，你就会发现浑浊的水中原来的杂物已经沉淀到杯底了，上面则是澄清的清水。

你能说出这其中的原理吗？

31. 会爆炸的肥皂泡

吹肥皂泡是小朋友们喜爱的游戏之一，那些吹出来的又大又漂亮的彩色泡泡在空中飞啊飞，越飞越远，然后就会破掉。小朋友，你知道这些漂亮的泡泡为什么能发出爆破的声音吗？

需要准备的工具和材料：肥皂液、氧气、乙炔、储气袋、火柴。

操作步骤：①配制出一小杯肥皂液。②抽取氧气和乙炔，并按大约1∶3的比例混合于储气袋内。③将储气袋导气管插入肥皂液中，吹起一些小肥皂泡。④用火柴点燃肥皂泡，就会立即听见漂亮的肥皂泡发出爆破声。

32. 把小鸡蛋变大

鸡蛋外面有一层薄薄的壳，怎么会变大呢？即使把生鸡蛋煮熟，它的个头也不会改变，怎么可能会变大呢？下面，让我们来做个小实验，将小鸡蛋变大吧！

需要准备的工具和材料：大玻璃杯、生鸡蛋、白醋。

操作步骤：把生鸡蛋放入大玻璃杯中，加入白醋，使其刚好没过鸡蛋，被醋浸泡的鸡蛋会冒出一些泡泡。然后将玻璃杯放置3天，在这3天中，鸡蛋的体积会变得一天比一天大。3天过后，鸡蛋的外壳便不见了，只剩下一层软软的半透明的薄膜，而且体积比原来大了一倍多。

小朋友，你知道这是为什么吗？

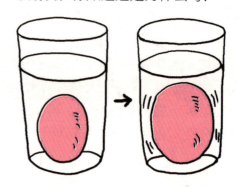

33. 自制雪景

在冬天白雪皑皑的世界里，一片银装素裹。大家是不是很喜欢这样的景色呢？下面，教给大家一个自制雪景的实验，并请你说出其中的奥秘。

需要准备的工具和材料：大石棉网、三脚架、金属盒、卫生球、酒精灯、小花盆、小松枝和花草、大玻璃罩。

操作步骤：①把大石棉网放在三脚架上，在石棉网中间放一个小金属盒，将几颗卫生球碾碎，放在金属盒内。②在金属盒旁放一个小花盆，在花盆里插一些小松枝和小草等植物。③用大玻璃罩罩住这个漂亮的"小花园"，然后把酒精灯放在石棉网下缓缓加热，可观察到玻璃罩内烟雾腾起。待冷却片刻后，可见小松枝上落满了"白雪"，甚至结出了漂亮的"冰凌"，俨然一幅冬天里白雪皑皑的画面。

34. 钓冰块

冬天，水在零摄氏度以下，会冻成冰块，用手摸一下冰块，会感觉凉得刺骨。我们怎样做，才能做到不用手碰就能把冰块拿起来呢？

需要准备的工具和材料：冰块、食盐、盘子、细线。

操作步骤：①取一大小适中的冰块放在盘子上，然后将细线的一端放到冰块的上面，用手拿着细线的另一端。②在细线与冰块结合的部分撒上一些食盐，等待一分钟，再小心地提起线，这时你就会发现，冰块可以被细线钓起来了。

小朋友，你知道这是怎么回事吗？

35. 海水中的盐

食盐是人们必不可少的食物，虽然大家每天都在食用它，但很少有人知道它是怎样获得的。

需要准备的工具和材料：食盐、水、筷子、过滤纸、过滤杯2个。

操作步骤：①往玻璃杯中倒入半杯清水，加入食盐，在加入食盐的过程中，需一边加入，一边用筷子搅拌，使食盐溶解。②将食盐水用过滤纸过滤到另外一个玻璃杯中，目的是把没有溶解的食盐过滤掉，然后把玻璃杯放在太阳底下晒，在经过充分曝晒两天后，你会发现玻璃杯中的水面下降了很多，并在其底部出现了一层盐。

那么请问，这是我们平时食用的盐吗？

36. 去除衣物上的血迹

冬天，有的人在洗衣服的时候害怕水凉，就会用热水来洗衣服，但是，有的污渍是不宜用热水洗的，比如血迹，你知道这是什么原因吗？

需要准备的工具和材料：两块白布、鸡血、一盆热水、一盆冷水、肥皂。

操作步骤：①在两块白布上分别滴上几滴鸡血。将其中的一块放入热水中浸泡，另一块放入冷水中浸泡。②过一会儿，取出两块白布，你就会发现，在热水中浸泡的白布上的血迹呈暗红色；而浸泡在冷水中的血迹，依然是红色的，但是颜色变浅了。③再用肥皂抹在两块白布的血迹上，然后分别进行搓洗，这时，你就会发现，用冷水浸泡过的白布上的血迹被洗掉了，而用热水浸泡过的血迹，无法清洗干净。

37. 会跳舞的小木炭

木炭不仅能跳舞，还会发出漂亮的红光，你相信吗？如果不相信，我们就来做个实验，让小木炭跳起舞来吧。

需要准备的工具和材料：试管、硝酸钾、铁架、酒精灯、小块木炭。

操作步骤：①取一支试管，在里面装入3~4克固体硝酸钾，然后用铁夹子直立地固定在铁架上，并用酒精灯加热试管。②当固体形态的硝酸钾逐渐熔化后，取一粒豆子大小的小木炭，放进试管中，并继续加热。过一会儿，你就会看见小木炭在试管中的液面上突然跳跃起来，一会儿上下跳动，一会儿又翻起身来，就好像跳舞一样，还会发出灼热的红色光。

小朋友，你知道这是怎么一回事吗？

固体硝酸钾

木炭

38. 环保再生纸

再生纸是以废纸为原料，将其打碎、去色制浆，经过多种工序加工生产出来的纸张。随着人们环保意识的增强，再生纸制品越来越得到人们的认可和欢迎。小朋友，你知道再生纸是怎样制作出来的吗？它和纸浆又有什么关系呢？

需要准备的工具和材料：废旧的白纸、玻璃板、胶布、长直尺、果汁机、水槽、胶水、熨斗。

操作步骤：①在玻璃板上用宽约1厘米的胶布围成长方形，其大小以要制作的纸张大小而定，若胶布太薄，可粘两层。②将废旧的白纸用清水揉洗几次，撕碎后放入果汁机，加适量的水，启动搅成纸浆。如果是滑滑的，就表示我们的步骤是正确的，然后静置两分钟。③将纸浆倒入水槽，并加入适量胶水，搅拌均匀。取一些纸浆涂在玻璃板上用胶布围成的长方形内，用长直尺抹平，擦去周围的纸浆。④将涂好纸浆的玻璃板放到阳光下，晒到微干，然后用熨斗熨干，再小心翼翼地撕下即可。

这样，一张再生纸就被我们制作出来了。

39.用火烧出来的纸币

小朋友，你相信把一张白纸用火烧一下后就能变成一张纸币吗？

需要准备的工具和材料：火棉、乙醚、乙醇、小刷子、1元纸币、烧杯、镊子。

操作步骤：①在烧杯中配制出乙醚和乙醇的混合液，将火棉溶于其中，制成火棉胶。②用小刷子将火棉胶涂在纸币的两面并晾干，这时，纸币就会变得像白纸一样。③用镊子夹住纸币，用点燃的烟头轻轻一触纸币，就会看见火光一闪，纸币就会现出原来的真面目。

小朋友，你知道这是为什么吗？

40.头发消失的秘密

有的人在梳头发的时候，会掉头发，而且掉下来的头发会消失。这听起来就好像在变魔术，给人一种非常神秘的感觉，其实，这只不过是一个简单的化学问题。

需要准备的工具和材料：掉落的头发、一只杯子、一瓶漂白剂。

操作步骤：①将头发放入杯子中，然后倒入漂白剂，直到把头发淹没为止。②静置半个小时后，你就会发现杯子中的头发神秘地消失了。

你知道这其中的奥秘吗？

漂白剂

41.采集指纹

警察破案时通常会利用高科技查找犯罪现场的指纹，然后根据指纹的样子就能很快地抓住嫌疑人，除了用高科技获取人们留下的指纹外，还有其他的方法吗？

做完下面的试验后，请你试着说出其中的原理。

需要准备的工具和材料：一张白纸、剪刀、碘纸、试管、酒精灯、试管架。

操作步骤：①将白纸剪成长约4厘米、宽不超过试管直径的纸条，用手指在纸条上用力按几个手指印。②将碘酒倒入试管中，把装有碘酒的试管放在试管架上，然后在酒精灯火焰上稍微加热，拿起按有手指印的纸条，把纸条悬于试管中，注意纸条不要贴在试管壁上。③当看见加热的点产生紫红色的碘蒸气后，立即停止加热，观察纸条上的指纹印记，你就会发现，曾经在纸条上的手指纹印记会渐渐地显示出来，最后会出现一个十分清晰的棕色指纹。

42.白烟吹蜡烛

小朋友，平时我们吹蜡烛，都是用嘴吹出风来将蜡烛熄灭，但是，你能不能只用一些白色的烟就把蜡烛熄灭呢？我想，你一定会说不可能，在没有风的情况下，也不用嘴吹，仅凭一些白色的烟，怎么可能将蜡烛熄灭呢？

需要准备的工具和材料：蜡烛、杯子、盘子、小苏打、食醋。

操作步骤：①点燃一支蜡烛，将它放在盘子上。②取一只杯子，然后将小苏打放入杯中，再倒入一些食醋。③将杯子里产生的白烟倒在蜡烛的火焰上，这样，蜡烛就会熄灭了。

怎么样，是不是很神奇呢？你知道这个白烟为什么能将蜡烛熄灭吗？

43.牛奶制品

大家都喝过液体牛奶，把液体牛奶制成固体奶制品，你是不是感觉很新奇呢？你知道制作固体奶制品所依靠的原理是什么吗？

需要准备的工具和材料：牛奶500毫升、奶锅、食醋、过滤网、汤勺。

操作步骤：①把500毫升牛奶倒入奶锅中，加热至沸腾后停止加热。②在牛奶中加入一汤勺食醋，搅拌均匀后，冷却。等牛奶冷却至白胶状体时，用过滤网过滤一下。③把过滤后过滤网上剩下的物质用汤勺弄平，制成你想要的形状，然后放置几天。几天后，牛奶制品就变得坚硬了。简单的固体奶制品就完成了。

小朋友，你知道这是怎么回事吗？

44.纸包得住火

我们经常听人们说"纸里包不住火"，但是今天，我们来学习一下纸里能包住火的诀窍。

需要准备的工具和材料：明矾、纸、火棉。

操作步骤：①首先将明矾加水制成溶液，然后将纸放在明矾溶液中浸泡一下，待完全浸透后拿出晾干。②用处理后的纸做成一个空心的纸球，在空心纸球中放入少许火棉，将火棉点燃，这时，我们会发现，火棉迅速燃烧，而纸球却不会被点燃。

小朋友，你知道这是什么原因吗？

45.无火煮蛋法

煮鸡蛋的味道非常好，营养价值也非常高，其做法也很简单，就是把鸡蛋放在水中，加热，直到把鸡蛋煮熟为止。

但是，在没有火的情况下，该怎样煮鸡蛋呢？下面，就来教你一个不用火就能煮熟鸡蛋的好办法。

需要准备的工具和材料：鸡蛋、生石灰、水、铁盆。

操作步骤：①把一些生石灰放入铁盆里，然后倒入少量的水，等生石灰吸收裂开后，就可以把鸡蛋放在石灰上面了。②等过了一会儿，看见生石灰变成膏状的熟石灰后，鸡蛋就熟了。

你知道这是为什么吗？

46.在鸡蛋壳上雕花

鸡蛋壳只有薄薄的一层，非常脆弱，怎么能在上面雕刻出美丽的花纹呢？

通过下面的实验，你就会发现，在鸡蛋壳上雕出一朵漂亮的花是一件轻而易举的事情了。

需要准备的工具和材料：熟鸡蛋一个、彩色蜡笔、两只玻璃杯、白醋。

操作步骤：①首先用彩色蜡笔在熟鸡蛋上画上漂亮的花纹，然后将画好的熟鸡蛋放在玻璃杯中，往杯子里加入白醋，直至将鸡蛋全部淹没。②两个小时以后，将杯子里的白醋全部倒出，再重新加入白醋淹没鸡蛋。再经过两个小时后，你就可以看到鸡蛋壳上的图案清晰地雕刻在上面了。

小朋友，你知道这是为什么吗？

白醋

47.彩虹鸡尾酒

鸡尾酒其实就是将许多种酒混合在一起而制成的，下面教大家调制一杯漂亮的彩虹鸡尾酒。

需要准备的工具和材料：玻璃杯、糖浆、高浓度食盐水、威士忌、麻油、色拉油。

操作步骤：把糖浆、高浓度食盐水、威士忌、麻油、色拉油5种液体依次沿玻璃杯的杯壁缓缓倒入倾斜的杯子中。这时，你就会发现，杯子中的5种液体不会混合在一起，它会按照你倒入液体的顺序而呈现出分层的状态。

小朋友，你知道出现这样结果的原因是什么吗？

48.神奇相纸

如果没有相机，能拍出漂亮的照片吗？其实只用相纸，也是可以拍出来影像的，你知道这其中的奥秘吗？

需要准备的工具和材料：相纸、台灯、剪刀、黑纸、彩笔。

操作步骤：①用纸笔在黑纸上画出一些图形，将图片小心翼翼地剪下来，使纸上留下镂空的图形。②在黑暗的地方取出相纸，迅速将镂空的黑纸放在相纸上。③将台灯打开，在相纸上照射约5分钟，再将台灯挪走，在光线较暗的环境下，将黑纸拿掉，你就可以看到相纸上留下了图形的影像。

49.石膏做成的手

石膏雕塑大家并不陌生，那些石膏在艺术大师的手中被雕刻得栩栩如生、形态各异。其实做石膏雕塑并不是一件难事。下面，我们就来学习一种简便的制作方法，然后请你说出它的制作原理。

需要准备的工具和材料：橡胶手套一只、洗洁精、玻璃杯、熟石膏粉、水、筷子。

操作步骤：①拿一只橡胶手套，往里面倒入一些洗洁精，捏入手套口揉一下，使洗洁精充满整个手套内壁，起到润滑的作用。②叫家人帮你，拿住手套口的两边，使手套口敞口向上。③往玻璃杯中加入熟石膏粉和水，用筷子搅拌成牛奶状。然后将混合物倒入手套内，使其充满整个手套。④将手套固定放置一夜后，就可以把石膏从手套中取出。至此，手的模型就形成了，也可以在上面涂一些颜色，或放一些装饰品。

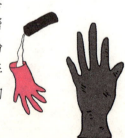

50.气的魔力

吹一口气，就可以将杯子中的水由沉淀变浑浊，再吹一口气，水就会由浑浊变成无色透明的，你能做到吗？难道我们吹出来的气，真的有魔力吗？看看下面这个小实验，请你说说其中隐藏着的原因。

需要准备的工具和材料：两个玻璃杯、少许生石灰、吸管、清水。

操作步骤：①将一些生石灰放进玻璃杯中，加水搅拌，然后静置几分钟，等石灰沉淀后，将沉淀物上方无色透明的液体倒进另外一个玻璃杯中。②将吸管插入盛有无色透明液体的玻璃杯中，通过吸管向杯子内部吹气，你会看到液体变浑浊了。当你继续向杯子中吹气时，液体又由浑浊变成无色透明的了。

吹气

石灰

参考答案

20.旧硬币变新

硬币流通时间长后，之所以会变脏变黑，是因为硬币表面的镀铜在空气中被氧化，形成了黑色的氧化铜。食醋中含有的醋酸和氨基酸可以与氧化铜发生反应，从而去除硬币上的氧化铜，使硬币翻新了。

21.水果清洁剂

苹果中含有果酸，尤其是刚刚切开的苹果，其表面的果酸含量更多，用苹果去擦拭盘子，果酸会与盘子上的油污发生化学反应，生成溶于水的物质，因此油乎乎的盘子就像用洗洁精洗过一样干净了。

22.神奇的瓶塞

小苏打的化学名称叫碳酸氢钠，碳酸氢钠在遇到醋酸后会发生化学反应，产生大量的二氧化碳气体，使瓶子中的压力不断增大，最后将瓶塞弹出。

23.模拟火山爆发

小苏打的化学名称叫碳酸氢钠，碳酸氢钠溶入水中时，就会产生二氧化碳。而汽水等碳酸饮料中，本来就含有二氧化碳。汽水中的二氧化碳和碳酸氢钠溶解产生的二氧化碳一起冒出，就会出现类似"火山爆发"的壮丽场面了。

24.糖去哪儿了

糖块在水中溶解得快慢，取决于水的对流，杯底的那块糖在水中溶解时形成的糖溶液密度比水大，所有的糖溶液都会沉在杯底部，达到饱和后，糖块就不会溶解了；水面的糖块在溶解的过程中，形成的糖溶液会逐渐沉向杯底，所有糖块会不停地溶解，向下填充，因此溶解得比较快。

25."神奇"复印机

松节油和洗涤剂混合在一起后，就会产生一种乳胶，这种乳胶可以浸入到干燥的油墨和油脂中并将其重新液化，从而使图片或文字印到白纸上。（这种方法在复印图片时，尤其复印黑白图片时效果最好。）

26.美味豆腐脑

豆浆中含有丰富的蛋白质，蛋白质溶于水后会变成胶体溶液，蛋白质胶粒在水中带有同种电荷，而同种电荷之间是相互排斥的。

在豆浆中加入食盐后，食盐在水中会电离成带正电的钠离子和带负电的氯离子，电解出来的离子紧紧地依附着蛋白质，如果蛋白质带正电，那么负离子就会跑到蛋白质周围，与正电荷中和；如果蛋白质带负电，正离子就会跑去与负电荷中和，最后，大量的蛋白质胶粒又会结合在一起，越合并越大，最后从水溶液中沉淀出来，就变成了我们吃的豆腐脑了。

27.变色温度计

氯化钴的结晶水混合物在加热后，逐渐失去水分，在这一过程中，会呈现出不同的颜色，这是氯化钴的特性。因此，可以应用其随温度的变化而呈现颜色变化的特性来做温度计。

28.巧用废旧电池

干电池内含有铜片、碳棒、锌片等单质和化合物。通过洗涤、过滤、烧灼等操作，可回收这些物质。

29.巧除水垢

水垢的主要成分是碳酸盐，食醋中含有的醋酸可以将碳酸盐溶解，所以能轻松地将热水瓶里的水垢清除掉。

30.浊水净化

明矾溶解于水中，可以分解为氢氧化铝，氢氧化铝具有很强的吸附能力，可以吸附水中悬浮着的杂质，并形成沉淀，这样，水就变得很清澈了。

31.会爆炸的肥皂泡

用氧气和乙炔的混合气体吹出来的肥皂泡，遇明火时，立即发生反应，并伴有爆破的声音。

32.把小鸡蛋变大

鸡蛋壳的主要成分是碳酸钙，被醋浸泡后，所冒出来的泡泡是碳酸钙与醋发生反应所产生的二氧化碳气泡。鸡蛋的体积变大的原因是由于渗透压造成的。当薄膜两边的物质的浓度不相等时，就会产生渗透压，浓度较低的那边物质里的水就会透过薄膜，渗入到另一边，从而使薄膜两边物质的浓度相等。因为鸡蛋内部黏稠状的蛋白质浓度比较高，在蛋壳变薄之后，在渗透压的影响之下，醋中的水分就会透过蛋壳溶解后形成的半透明薄膜，进入鸡蛋，从而将鸡蛋撑大。

33.自制雪景

卫生球的主要成分是萘。在给卫生球加热时，萘会融化蒸发，待冷却后又结晶，挂在树叶上，雪景就是这样得到的。萘容易升华，若揭开烧杯，过一段时间，"雪"就会不翼而飞，但若一直罩着大玻璃罩，雪景就会保持很长时间，可以做一个小小的观赏工艺品。但要注意的是，萘易燃，盒内的卫生球粉不要装得太满。

34.钓冰块

在我国的冬天，有的地区会下很大的雪，阻塞了交通。这时，交管部门就会往道路上撒盐，以此来将地上的雪融化。在这个实验中，冰块上撒上食盐后，就会融化，形成一个水坑，这时，细线就被埋在了水坑中。随着冰块的融化，盐的咸度也随之下降，由于只有不到一分钟的时间，冰块融化放热而使温度降低，使水的结冰点重新被提高而结冰。于是，细线就被冻到里面了。

35.海水中的盐

在太阳的照射下，玻璃杯中的水分蒸发掉了，剩下的水溶解不了那么多的盐，盐自然就显露出来了。

平时我们吃的食盐大部分都是从海水中晒取的。制盐时，先是在海滩上建很多平坦的盐池，然后把海水引入，经过几天太阳的曝晒，盐就从海水中分解出来了。放掉多余的海水后，用推土机把晒出来的盐堆起来，然后放进加工厂加工，就变成我们平时吃的食盐了。

36.去除衣物上的血迹

血液中含有血红蛋白，遇热后，会发生化学反应，未发生反应的血迹能溶于水，而受热变化后的血迹就很难溶于水了，所以，就不易洗干净了。同样的道理，血迹暴露在空气中的时间久了，也会发生化学变化。所以陈旧的血迹也不易被洗去。

37.会跳舞的小木炭

在小木炭刚刚放入试管中时，试管中硝酸钾的温度较低，还不能使木炭燃烧，所以木炭此时处于静止状态。将试管继续加热，温度逐渐上升，小木炭达到了燃点，这时，木炭与硝酸钾发生激烈的化学反应，并释放出大量的热，小木炭就会立刻燃烧发光。因为硝酸钾在高温下分解后会放出氧，这个氧立刻与小木炭发生反应，并生成二氧化碳气体，这个气体一下子就将小木炭顶了起来。木炭跳起后，和下面的硝酸钾液体脱离接触，反应就会中断，二氧化碳气体就不再发生，当小木炭由于受到重力的作用落回到硝酸钾上时，又会发生反应，小木炭就会第二次跳起来，这样循环往复，我们就会看见小木炭不停地上下跳跃起来，样子就像在跳舞一样。

38.环保再生纸

纸是由纤维纵横交错粘连而成的，纸浆中的纤维越细，做出来的纸就越光滑，而纤维越长越粗，做出来的纸就越坚韧。

39.用火烧出来的纸币

火棉在化学上被称为硝化纤维，燃点很低，极易燃烧，一遇到火星就会瞬间燃烧。它的燃烧速度极快，甚至燃烧时产生的热量还没有来得及将纸币点燃，就已经全部烧光了，于是，纸币就完好无损地显现出米了。

40.头发消失的秘密

因为头发是酸性的，漂白剂是碱性的，并具有强氧化性，酸碱放在一起，就会发生中和反应，所以，瓶子中的头发会被漂白剂溶解，渐渐地消失了。

41.采集指纹

每个人的皮肤上都会有油脂和汗水，手指也不例外，当用手指按在纸上时，指纹上的油脂和汗水就会留在纸上，当我们把有指纹的纸放在盛有碘酒的试管口上方时，碘酒受热后就会升华出呈紫红色的蒸气，因为纸上的油脂是有机溶剂，碘蒸气会溶解在这些油类中，所以指纹就清晰地显示出来了。

42.白烟吹蜡烛

小苏打的化学名称是碳酸氢钠，它和食醋混合在一起，可以产生二氧化碳气体，由于二氧化碳的密度大于空气的密度，所以，当杯子倾斜时，二氧化碳气体就会从中流出。当蜡烛被二氧化碳包围起来，空气中的氧气便无法接近火焰，火焰就会因缺氧而自动熄灭了。

43.牛奶制品

牛奶中的固体颗粒非常均匀地扩散在全部的液体中，食醋会使漂浮在牛奶中的不溶解的小颗粒凝结成一种叫作"凝乳"的固体，其余则被称为"乳浆"，乳浆是一种有机化合物，因此利用牛奶中的有机化合物就制成了牛奶制品。

44.纸包得住火

明矾的熔点比较高，难以燃烧，把纸浸入明矾溶液中，纸就不容易被火烧着了。而且火棉燃烧快，这样大部分的热量就散发到了空气中，而这些是远远达不到泡过明矾溶液的纸的燃点的。

45.无火煮蛋法

生石灰加水变成熟石灰的过程是一个放

热反应，能放出大量的热量，所以能够将生鸡蛋变成熟鸡蛋。

46.在鸡蛋壳上雕花

白醋中有醋酸，醋酸和蛋壳中的钙发生化学反应，生成醋酸钙。而蛋壳上被彩色蜡笔画过的地方，因为受到蜡的保护，没有受到醋酸钙的侵蚀，保持了原来的模样，所以图案看起来就像被雕刻在蛋壳上了。

47.彩虹鸡尾酒

这杯五色鸡尾酒之所以会形成5个层次，是由于不同的液体有着不同的密度的缘故。当把液体依次倒入杯中时，密度较大的液体会沉在下面，密度较小的液体则会浮于表面。糖浆、高浓度食盐水、威士忌、麻油、色拉油这5种液体的密度一个比一个小，所以我们就看到了层次分明的彩虹鸡尾酒。

48.神奇相纸

相纸的基本结构有两层：一层是能够感光并表现明暗的感光层，另一层是用来负载影像的纸基。相纸在受到明暗不同的光照射时，感光乳胶中的氯化银会使相纸产生明暗交替的图案，从而形成了照片。

49.石膏做成的手

熟石膏粉是由生石膏加热到150摄氏度后，脱水压碎，水分蒸发制成的干粉。在试验中，熟石膏粉遇水，发生化学反应，形成可塑及易烧砌的浆状体，待水分蒸发后，便形成了坚硬的石膏。

50.气的魔力

生石灰与水反应生成熟石灰，即氢氧化钙，人体呼出的气体大部分是二氧化碳，第一次向杯子吹气时，氢氧化钙遇到了二氧化碳生成碳酸钙，所以液体变浑浊了。当继续吹气时，碳酸钙和二氧化碳生成了碳酸氢钙，因为碳酸氢钙是溶于水的，所以杯子中的液体又变成无色透明的了。

第三部分　奇妙有趣的生物世界

51. 幸运的蚂蚁

我们都知道，蚂蚁的身材很小，但是它力大无比，它能拖动比自己的身体大很多倍的东西，它还能在陡峭的墙面上爬行，怎么样，你是不是觉得蚂蚁很厉害呢？除此之外，蚂蚁还有一个本领，就是永远都不会被摔死。小朋友，请你在做完下面的小游戏后，说一说蚂蚁摔不死的原因。

需要准备的工具和材料：一只蚂蚁、一张白纸。

操作步骤：①在地上铺上一张白纸，然后把蚂蚁放到手中，高高地举起。②将手中的蚂蚁扔到白纸上，然后观察蚂蚁，你就会发现，蚂蚁安然无恙，没有任何受伤的痕迹。

52. 萤火虫

在夏天的夜里，我们会看到一闪一闪发光的萤火虫在天空中飞来飞去。你知道萤火虫为什么会发光吗？

需要准备的工具和材料：萤火虫。

操作步骤：在晴朗的夏夜里，捕捉几只萤火虫，然后仔细观察萤火虫，看看它们为什么会发出一闪一闪的光亮。

53. 神奇的纸睡莲

池塘下埋藏的千年的睡莲能开出美丽的花朵，那么，你看见过纸做的花绽放吗？下面我们来做个实验，看一下纸做的睡莲能不能绽放出美丽的花朵。

需要准备的工具和材料：一张平滑的纸、彩笔、一盆水。

操作步骤：①将平滑的纸剪成一朵睡莲状，用彩笔将剪好的睡莲涂上漂亮的颜色，然后把花瓣向里折叠。②把这朵纸睡莲放在水面上，仔细观察纸睡莲的状态，你就可以看到花瓣以慢镜头的速度慢慢地向外绽放的景象。

54. 被催熟的水果

有些水果买回来以后，需要将它催熟之后才能食用，你知道怎样才能将水果催熟吗？这样做的依据是什么呢？

需要准备的工具和材料：未熟的水果（如桃、李子等）、发霉的柠檬、塑料食品袋。

操作步骤：将未熟的水果放入食品袋中，将发霉的柠檬也放入食品袋中，不久，食品袋中的水果就熟了。

55. 鸡蛋也会出汗

大家在炎热的夏季，或是刚做完运动后，都会出一身汗。可是，你知道吗，鸡蛋也是会出汗的。这是为什么呢？

需要准备的工具和材料：鸡蛋、铁锅、黄沙、燃气灶。

操作步骤：①在铁锅里放一些黄沙，并把黄沙摊平。②取几个新鲜的鸡蛋，把鸡蛋头大的一端埋在沙子中，露出头小的一端，将整个鸡蛋的一半埋入沙子中就可以了。③打开燃气灶，然后用小火慢慢将铁锅加热，仔细观察沙子中的鸡蛋。过一会儿，你就会发现，鸡蛋壳的表面冒出了一滴滴的小水珠，就像人们在天热的时候出汗了一样。

56. 长在瓶子里的苹果

苹果那么大，怎么能放进瓶子里呢，而且还是细瓶口的瓶子。你一定会认为，那么大的苹果绝对不可能塞进去。其实，要苹果长在瓶子里，并不是一件难事，下面我来告诉你一个简单的方法，然后请你说出这是为什么。

操作步骤：春天的时候，在苹果树上的花朵刚刚凋谢并长出小苹果的时候，将细口玻璃瓶牢牢地固定在苹果树上，并在瓶口处做一些防雨水的措施。等到秋天，苹果成熟后，将套牢苹果的瓶子取下来，你就会发现，瓶子里有一个大大的苹果了。

57. "受伤的" 玫瑰

人的皮肤受伤后，伤口处会留出鲜红的血。那么，植物的表皮如果被割破了，会不会也像人一样，流出"鲜血"呢？我们来做一个试验，就能知道了。

需要准备的工具和材料：白玫瑰一枝、玻璃杯、红墨水、小刀。

操作步骤：①将玻璃杯内注入红墨水，将白玫瑰插在红墨水中。两天后，直到看到花朵变红、花茎不再滴水为止，然后把白玫瑰拿出来。②用小刀将白玫瑰的花茎剪去一小段。过一会儿，你就会发现，花茎的切口处流出来了"鲜血"。小朋友，你知道这是为什么吗？

58.会变色的大虾

虾是我们的餐桌上常见的美味海鲜，大家都知道，盘子里面的虾是红色的，但是活虾却是青灰色的，你知道这是为什么吗？

需要准备的工具和材料：活虾、汤锅、燃气灶。

操作步骤：①从市场上买回几只活虾，观察一下它们的颜色，你会发现它们的全身都是青灰色的。②往汤锅里加入适量的水，把活虾放入锅里，用燃气灶将其煮上几分钟。关掉燃气灶，打开锅盖。这时，你会发现，汤锅里面的虾全都变成了红色的。

59.歪脖子的植物

我们经常看到一些歪脖子的树，可是这些树为什么会长歪了呢？你知道吗？

需要准备的工具和材料：天竺葵、砖头。

操作步骤：①把一盆天竺葵用一块砖头垫起一边，使花盆倾斜起来。②大约一周以后，再次观察天竺葵，就会发现它的脖子歪了。

60.双色奇花

我们都知道，一朵花只有一种颜色。如果，你看见一朵花一半是红色的，另一半是蓝色的，你会不会感到很惊讶呢？如果把这样的花送给你的老师，老师一定会非常喜欢的。

需要准备的工具和材料：红墨水、蓝墨水、白色玫瑰花、两支试管、清水、小刀。

操作步骤：①把红墨水和蓝墨水分别用清水稀释，然后分别装入两支试管中。②把白色玫瑰花的花梗用小刀切开，然后把切开的两支花梗末梢分别放入两支试管中。③仔细观察玫瑰花的变化，你会发现，花梗很快就变了颜色。再过几个小时，花朵就会变成一半是红色、一半是蓝色的双色奇花了。

你知道这是怎么回事吗？

红墨水　　蓝墨水

61.溢出的鸡蛋清

鸡蛋外面有一层薄薄的鸡蛋壳，鸡蛋在不破的情况下，是不会流出来的。现在我们用鸡蛋来做一个自流的实验，并请你说出鸡蛋清为什么会溢出来。

需要准备的工具和材料：生鸡蛋、水、透明吸管、玻璃杯、蜡烛、火柴。

操作步骤：把生鸡蛋的一端轻轻地剥去一小块蛋壳，但是要注意，不要把里面的那层薄膜弄破。然后在剥去蛋壳的另一端扎一个小孔，大小只要能把透明的吸管放进去就好，吸管插入鸡蛋内，约2厘米，最后将蜡烛点燃，用蜡油将吸管与蛋壳的接口处密封起来。弄好后，将鸡蛋放入盛有大半杯水的玻璃杯中，令插有吸管的一头朝上。过一会儿，你就会看到鸡蛋里的蛋清慢慢地上升到吸管里面，甚至会从吸管口处溢出来。

62.会染色的洋葱

我们身上穿着的五颜六色的衣服，都是用化工合成的染料来染色的。那么，古代的人是利用什么给布匹染色的呢？

需要准备的工具和材料：洋葱3个、不锈钢锅、2条白色的纯棉手绢、橡皮筋、明矾20克、滤纸、清水。

操作步骤：①在锅中注入500毫升的清水，把洋葱的外皮剥下来，放入锅中，点火煮沸，20分钟后，待锅里的水变成很浓的红茶色后，停止加热。②把洋葱皮捞出来，将煮好的水用滤纸过滤几遍，除去杂质。③将需要染色的两条白手绢洗干净，再用橡皮筋在其中的一条手绢上打几个结，另一条手绢不打结。然后把这两条手绢放入茶色水中煮15分钟，但是不能让水沸腾。④仔细观察手绢，你就会发现手绢在慢慢地变色。⑤把刚染好的手帕拿到清水中漂洗，你会发现，刚染上的颜色又被洗去了。如果不想让手绢上的颜色被洗去，只要将染过色的手绢放在明矾溶液中浸泡，就可以了。

63.会导电的土豆

我们都知道，金属性的物质是能够导电的，水也能够导电。但是，你听说过，土豆也能导电吗？土豆又是依靠什么来导电的呢？

需要准备的工具和材料：新鲜的土豆、铜片、锌片、铜丝、小灯泡。

操作步骤：①找几个铜片和锌片，在每个土豆的两端分别插入铜片和锌片。②将铜丝分别拧在铜片和锌片上，再将其与小灯泡相连，使它们形成一个圆形的电路。将电路闭合，你就会发现，小灯泡亮了。

64. 追逐阳光的向日葵

大家都知道向日葵，还有很多人喜欢吃向日葵中的葵花籽，葵花籽就是向日葵的果实。可是，你知道它为什么叫向日葵吗？

需要准备的工具和材料：向日葵。

操作步骤：找一棵带有圆盘的生长着的向日葵，观察一下向日葵生长的过程。在此期间，你会发现，在晴朗的天空里，向日葵的花盘在一天中会朝不同的方向转动，但是，无论它怎么转动，始终都是朝着太阳的方向。

你能说出这是为什么吗？

65. 黄豆的魔力

小小的黄豆能有什么力量呢？你是不是很怀疑？但是，就是这小小的黄豆，却能把玻璃瓶撑破，你知道这是为什么吗？

需要准备的工具和材料：干黄豆、带塞子的玻璃瓶、水。

操作步骤：①把干黄豆装入薄壁的玻璃瓶中，大约装入约占全瓶容积的四分之三的黄豆，往玻璃瓶中加入水，并用瓶塞将瓶子塞紧。如果水被黄豆吸完了，打开瓶塞，继续向瓶中加水，再把盖子盖上。②几天后，玻璃瓶就会突然破裂，吸足了水的黄豆就会哗啦哗啦地散落一地。

66. 龙虾的复活

在气候寒冷的冬天，很多生物都会被冻死。但是有一种生物，就算把它冻上了，它也是冻不死的，这就是我们平时经常吃的小龙虾。你不相信吗？下面我们来做一个实验证明一下。

需要准备的工具和材料：装有水的大碗、小龙虾、冰箱。

操作步骤：①将小龙虾放进装有水的大碗中，把大碗放进冰箱中冷冻起来。不一会儿，碗中的水就被冻成了冰，而碗中的小龙虾也被完全冻在了里面。②将冻住的小龙虾解冻，用冲击力很强的自来水管直接往冰块上冲，不一会儿，冰块就会被冲出一个大窟窿，冰块耐不住水的冲刷，慢慢地就会化开。③把小龙虾慢慢地拿起来，然后用取暖器将它烘干。小龙虾身上的水分慢慢蒸发，飘出缕缕白烟，一眨眼的工夫，小龙虾就会抖动脚，蠕动一下身子，又可以活过来了。

怎么样，是不是很神奇呢？你知道这是为什么吗？

67. 植物的呼吸

人是靠呼吸空气中的氧气来存活的。那么，植物又是靠什么存活的呢？它是不是也像人一样需要吸入空气中的氧气呢？

需要准备的工具和材料：一株鲜活的绿色植物、凡士林。

操作步骤：①将凡士林涂在绿色植物的叶子正面，涂上大约3片叶子；在另外3片叶子的背面也涂抹上凡士林。都要涂上厚厚的一层，且涂抹得要均匀。②10天后，仔细观察叶子的变化。你会发现，正面涂抹了凡士林的叶子几乎没有变化，而背面涂抹了凡士林的叶子却渐渐地枯萎了。

凡士林

68. 穿越障碍的豌豆

豌豆在生长的时候，总是能克服一些障碍和阻挡。下面，我们就来做一个豌豆穿越障碍的游戏。请你说出为什么豌豆苗会弯弯曲曲。

需要准备的工具和材料：豌豆种子、纸盒子、硬纸片、喷壶、水、花盆、杯子、肥料、剪刀。

操作步骤：①把豌豆种子放在水里浸泡一天后，在花盆中加入肥料，将种子种上、浇水。②在纸盒的顶端裁出一个长方形的口子，由纸盒顶端向下，每隔5厘米在盒子的一侧插一张硬纸片，使硬纸片的位置呈左右交叉排列。③将花盆放在纸盒的下方，打开盒盖，把纸盒摆在温暖明亮的地方。一段时间以后，豌豆苗就会穿过障碍，从纸盒顶部长出来了，但是，它却长得弯弯曲曲的。

69. 蝗虫的鼻子

众所周知，蝗虫是害虫。在捉蝗虫的季节，我们不妨来捉两只蝗虫，做一个小游戏。

需要准备的工具和材料：蝗虫2只、小口汽水瓶2个、凉开水、瓶塞。

操作步骤：①往两个小口的汽水瓶中注入凉水，灌入瓶身的四分之二处即可。②把其中一只蝗虫的头朝下，塞进瓶子中，让它的头浸没在水中，然后用瓶塞将瓶子封好。③将另一只蝗虫的头朝上，塞进瓶子中，让它的身体浸没在水中，头在水面上方，用瓶塞将瓶子封好。④一个小时过后，再来看一下两个瓶子，你会发现，头部浸没在水中的蝗虫还活着，而身体浸没在水中的蝗虫已经死了。

你知道这是怎么回事吗？

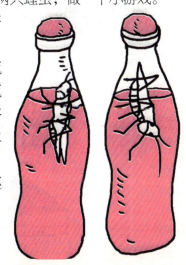

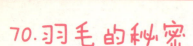

70.羽毛的秘密

人们常常对那些被大雨浇得浑身湿透的人说："你看，你都被淋成落汤鸡了。"那么，你知道为什么人们说落汤鸡，而不说落汤鸭吗？

需要准备的工具和材料：鸡毛、鸭毛、一盆清水、凡士林。

操作步骤：①把一根鸡毛和一根鸭毛同时放入一盆清水中，一分钟后取出来。这时，我们会发现，鸡毛沾水后，很快就被水浸透了，变成了一条一条的；而鸭毛上只沾上了一些小水珠，抖落一下，水珠就会掉下来，鸭毛又恢复了原样。②再找一根鸡毛，在上面涂上一些凡士林，再次将鸡毛和鸭毛同时浸入水中。一分钟后，从水中取出，你就会发现，鸡毛和鸭毛沾水的情况很相似，都没有被水浸湿。

小朋友们，你知道这是为什么吗？

71.蚱蜢的眼睛

我们都知道，蚱蜢会祸害农田里的庄稼。它在农田里面蹦啊、跳啊，我们抓起其中的一只看看，蚱蜢那突起的眼睛里，好像有无数只的小眼睛一般，那么，蚱蜢究竟有多少只眼睛呢？

需要准备的工具和材料：蚱蜢、鞋盒、墨汁、胶布。

操作步骤：①捉一只蚱蜢，留着备用。②准备一个完整的鞋盒，用墨汁将鞋盒的内壁全部涂上黑色，并在鞋盒的一侧挖一个比蚱蜢的身体略大一些的洞。③剪两块胶布，将蚱蜢的两只大眼睛遮住，再把它放在鞋盒里面，并盖紧鞋盒的盖子。过一会儿，你就会发现，蚱蜢从小洞里爬了出来。④再剪一条长一点的胶布，将蚱蜢两眼之间的3个小小的隆起的地方遮住，再把它放回盒内。这时，你就会发现，蚱蜢再也爬不出来了。

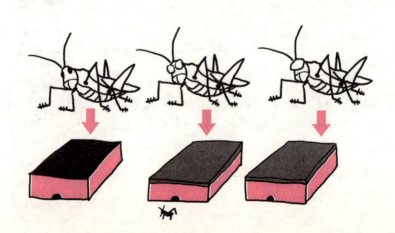

72.拯救溺水的苍蝇

人在溺水时会昏迷，我们通常采取的救护措施是把人体内多余的水分控出来，然后再做人工呼吸进行抢救。那么，一只溺水的苍蝇该怎么救呢，难道也把水控出来，再做人工呼吸吗？那是绝对不可能的，因为苍蝇太小了。那么，我们要怎么拯救它呢？通过下面这个小试验，你就知道该怎样救一只溺水的苍蝇了。

需要准备的工具和材料：苍蝇、一盆水、食盐、小勺。

操作步骤：①抓一只活苍蝇，把它放进水里，直到它不再动弹为止。②把溺水的苍蝇用小勺捞出来，放在干燥的地方，然后在它的身上撒上一些食盐，等待15分钟。③15分钟后，你就会发现，苍蝇又可以动弹了，它又活了过来。

小朋友，你知道这是为什么吗？

73.再生的鱼鳍

我们都知道，小壁虎在遇到危险的时候，会断掉尾巴，然后逃之夭夭。过一段时间，小壁虎还会长出一条新尾巴。这是壁虎的再生能力。但是，可爱的泥鳅也有再生能力吗？下面我们来做个实验，你就明白了。

需要准备的工具和材料：泥鳅、剪刀、鱼缸。

操作步骤：①从市场上买来两条活泥鳅，把其中的一条泥鳅从尾鳍的基部用剪刀剪下来，另一条泥鳅从尾鳍的尖端剪下来，然后把它们放入事先准备好的鱼缸中。②两天后，我们用尺子量一下它们的尾鳍的长度，并记录下来。这时，你会发现，从尾鳍基部剪去的鳍长得很快，而另一条从尾鳍尖部剪下来的鳍长得慢，但是它们一直都是在生长的。

小朋友，你知道这是什么原因呢？

74.苹果上的名字

我们在超市买苹果时，会看见有些苹果上有"福""禄""寿""喜"等一些吉祥的字，你知道这些字是怎么"长"上去的吗？

需要准备的工具和材料：红富士苹果、纸、笔。

操作步骤：①在苹果树上选一个已经长大、快要变红的红富士苹果。②在耐风雨、能遮光的纸上，根据苹果的大小写出要写的字，然后用剪刀剪下不透明的有字纸片，贴在苹果朝阳的一边。③到秋天，苹果成熟时，把贴在苹果上的纸片去掉，苹果上就会出现你写的字了。

75.蚯蚓"闻"路

夏天的雨后，我们经常能在院子里看见很多蚯蚓在地面上扭动着身躯向前爬行，你几乎看不到它的眼睛。那么，蚯蚓是靠什么来辨别方向的呢？

需要准备的工具和材料：两条蚯蚓、葱、带颜色的玩具。

操作步骤：①捉两条蚯蚓，将它们放在一块温热的板子上。②在蚯蚓的两侧分别放一根葱和一个带颜色的玩具，然后仔细观察蚯蚓的动向。③5分钟后，两条蚯蚓都会同时朝葱的方向扭动，最后都钻到了葱的下面。

大家知道这是什么原因吗？

76.苹果流口水

人在饥饿的时候看到美味的食物，会忍不住流下口水，苹果也会流口水，你知道这是为什么吗？

需要准备的工具和材料：苹果、水果刀、白砂糖。

操作步骤：①把苹果顶端的果皮用水果刀削去，然后挖成一个倒圆锥形的洞窝，使圆锥状洞窝的尖端开口恰好位于苹果的另一端。②按大口朝上、小口向下的方向旋转苹果，注意观察苹果底部的开口处，很长时间也不见有水分流出。③把白砂糖均匀地撒在洞窝里面，马上会看到，锥面上神奇地出现了水分，水分渐渐汇聚于底部，并将洞口填满。④约20分钟，一颗晶莹透亮的水珠就会滴落下来。此后，水分便会不断地渗出、流淌、滴下。

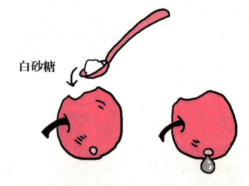

白砂糖

77.种子的呼吸

人和动物呼吸的是空气，植物呼吸进行的是光合作用，那么，一粒种子会怎么呼吸呢？

需要准备的工具和材料：大玻璃瓶、黄豆、小玻璃瓶、烧碱溶液、软木塞、透明的塑料管、凡士林、水杯、红墨水。

操作步骤：①在大玻璃瓶里面装些干燥的黄豆，约占瓶子的三分之一。②用软木塞塞住大玻璃瓶瓶口，并在塞上打一个孔，装上一根弯曲的透明塑料管。③在瓶塞与瓶口之间，玻璃管与塞孔口的接触处，都抹上凡士林，以免漏气。④把管的另一端插入水杯里，在水里滴上几滴红墨水，使水变红，装好后静置。过几天，就会看见红色的水沿着玻璃管不断上升。

78. 自制晴雨计

我们平时是通过天气预报来知道未来几天的天气变化的，如果没有天气预报，我们该通过什么途径了解天气的变化呢？下面就来教你一个有趣的能够预测天气的好方法。

需要准备的工具和材料：松果、木板、胶水、锉刀、竹签、白卡纸、万能胶。

操作步骤：①先用木板制作一个底座。将松果的蒂部用锉刀锉平整，再用砂纸打磨一下。②用竹签做一根指针，在末端粘上一个用白卡纸剪成的箭头。③在松果下部选择一片位置合适的鳞片，把做好的指针用万能胶粘在鳞片上，然后调整松果在底板上的位置，使指针的摆幅与背景板相对应，这时，用万能胶粘牢松果。④在晴好的日子里标定指针的位置，并将指针在潮湿的阴雨天的位置也标定下来，分别画上太阳和雨伞，这样松果晴雨计就做好了。把它放在太阳晒不到、雨水淋不着的通风处，就能预报几小时以后的天气变化了。

小朋友，你知道松果晴雨计利用了松果的什么特性吗？

79. 挑西瓜

夏天，吃一块冰镇的西瓜，是多么凉爽啊！但是，西瓜有熟有生，熟的西瓜自然很甜，生的西瓜却一点味道都没有。小朋友，你知道该怎样辨别西瓜的生熟吗？依据的原理又是什么呢？

需要准备的工具和材料：西瓜、大盆、水。

操作步骤：①把两个大盆注满水，然后将两个西瓜分别放入两个大盆中。②通过观察，在水中的西瓜哪一个浮得高一些，哪一个就更熟一些；相反，不太熟的西瓜在水中会沉得深一些。

80. 撑破肚皮的樱桃

是什么东西把红樱桃的肚皮撑破了，你知道吗？

需要准备的工具和材料：红樱桃、玻璃杯。

操作步骤：①将红樱桃洗干净后，放在只有半杯水的水杯中，往杯中加满水。②仔细观察红樱桃的变化。第二天，你会发现，红樱桃的表皮裂开了。

81.妙取DNA

生物是有遗传物质作用的，DNA就是主要的遗传物质。那么，你知道DNA是如何提取的吗？依据的原理是什么呢？

需要准备的工具和材料：医用乙醇、猕猴桃、盐、洗涤剂、凉水和热水、量杯、过滤器、勺子、高脚杯、水果刀、细铜丝。

操作步骤：①将猕猴桃去皮，并切成小块，放入量杯中，然后取3克盐、10毫升洗涤剂和100毫升的凉水配成水溶液，并将配好的溶液放入量杯，静置15分钟。②将量杯放入热水中，再次静置15分钟。③在高脚杯上放置一个过滤器，然后将量杯中的绿色粥状物倒入过滤器中过滤，得到绿色的液体。④将乙醇倒入高脚杯中的绿色液体中，当杯子中的溶液达到杯子容量的2/5即可。这时，绿色的液体上面覆盖着一层紫色的液体。高脚杯中的绿色液体和紫色液体中间有一层白色的物质，这就是DNA。

参考答案

51.幸运的蚂蚁

蚂蚁不会被摔死，是因为蚂蚁在下落的过程中，受到了空气阻力的作用。所有物体在下落时，都会受到空气的阻力，物体越小，其表面积大小与重力大小的比值就越大，阻力就越容易与重力平衡。蚂蚁正是因为阻力与重力接近于平衡，所以下落的速度才会很慢，就不容易被摔死了。

52.萤火虫

萤火虫身上的发光部位位于腹部，从外表看，只是一层银灰色的透明薄膜。这个发光器是由发光层、透明层和反射层3个部分组成的。发光层拥有几千个发光细胞，它们都含有荧光素和荧光酶两种物质。在荧光酶的作用下和萤光素在细胞内水分的参与下，与呼吸进来的氧气发生氧化反应，发出荧光。萤火虫发光，实际上就是把化学能转变成了光能的过程。由于萤火虫有着不同的呼吸节奏，在发光时也会按着这个节奏一闪一闪，所以，我们看到萤火虫在天空中飞时，是一闪一闪地发光的。

53.神奇的纸睡莲

纸的主要材料是植物纤维，即极细的管道。通过分子间的相互吸引，水就会渗入这种纤维中。于是，纸开始膨胀，就像是凋谢的花朵放入水中那样，这朵纸睡莲的花瓣也就会竖立起来。

54.被催熟的水果

原来，柠檬上的霉菌可以释放出一种叫乙烯的气体，这种气体可以加快食品袋中其他水果的成熟速度。

55.鸡蛋也会出汗

鸡蛋壳的表面并不像我们平常看到的那样平坦，仔细观察，鸡蛋壳是粗糙不平的。如果用放大镜仔细观察鸡蛋壳，你就会发现，鸡蛋壳上有许多的小孔。一只鸡蛋壳上，大约有700个左右的小孔，鸡蛋在孵化成小鸡的过程中，是需要一定量的空气的。在鸡蛋中，有一个贮存空气的空腔，叫作气室。胚胎发育成长所呼吸的空气，就是通过蛋壳表面的小孔进入蛋内的。因此，这些小孔又叫作气孔，是空气进出蛋壳的通道。当我们把鸡蛋放在沙子中加热时，鸡蛋中的蛋白、蛋黄遇热膨胀，蛋内的压力增大，使鸡蛋中的一部分水分被迫从蛋壳的气孔中挤出来，从而形成了一滴滴的小水珠。

56.长在瓶子里的苹果

苹果其实是在瓶子里生长的，所以看到细瓶口的瓶子里的大苹果就不足为奇了。现在，有些地方的果农为了保护苹果，都会在苹果还很小的时候，就套上一层塑料袋，一直到采摘的时候，再将塑料袋摘下。这个实验就是模仿了果农种植苹果的方法。

57."受伤的"玫瑰

植物是通过根和茎里面极细的毛细血管来吸收水分的，它将吸收的水分输送到花的各个部位。所以将白玫瑰插入红墨水中时，花茎在茎内的红墨水就会像血液一般滴落下来。

58.会变色的大虾

虾会变色是因为虾的外壳中含有很多色素，色素中大多数都是青灰色，所以活虾看起来是青灰色的。当把活虾放进锅里煮的时候，色素中的其他颜色会被高温破坏掉，只剩下耐高温的红色素。所以，虾在经过加热后，就变成了红色的。

59.歪脖子的植物

植物在生长过程中，会不断地受到重力的作用。植物生长的过程中，植物会产生生长素，促进植物的生长。斜放着的天竺葵的生长激素被移动后集中在茎的下面，天竺葵茎的生长是远离生长激素的方向垂直生长。所以，倾斜的天竺葵的茎就不会沿着原有的方向生长，而是垂直地向上生长，就像被拧弯了的脖子一样。

60.双色奇花

有色液体会顺着花梗上的毛细血管上升，颜色最后停留在花瓣上，而其中的液体则通过孔隙散发到外面，所以花朵就变成了双色的。

61.溢出的鸡蛋清

生鸡蛋里面的那层半透明的薄膜能够吸水但会阻止其他有害物质的进入，从而起到保护蛋清和蛋黄的作用。实验中，水不断地从那层薄膜渗透进鸡蛋内，由于鸡蛋内的蛋清浓度大，所以蛋清就会从吸管中溢出来。

62.会染色的洋葱

洋葱中含有色素。这些色素渗透到布的纤维中，就可以给布染色了。布在染色后，接触到明矾溶液，布中的纤维和色素牢牢地粘在一起，不会褪色。这就是用洋葱皮染色的秘密。

63.会导电的土豆

土豆中含有丰富的汁液，而这些汁液呈酸性，金属铜和金属锌受到酸的作用，锌片就会失去电子，铜片会得到电子，这样，铜片就带了正电荷，锌片带上了负电荷。当电子由铜片流向锌片时，电路就产生了电流，所以，灯泡会发出亮光。

64.追逐阳光的向日葵

向日葵在白天随着太阳的移动而转动圆盘，这是因为它的茎部含有一种叫作"植物生长素"的东西。植物生长素非常喜欢背光生长，而且背光部分的生长素比向光部分多，所以，向日葵一旦遇到光线的照射，它的花盘下面的茎中的生长素就会集中在背光的一面，并且刺激背光面的细胞迅速生长。于是，背光面生长得就快，结果使整个花盘朝向太阳弯曲。随着太阳的移动，植物生长素也在不断地背光移动，这样，我们观察到的向日葵就是始终跟随着太阳转动。

65.黄豆的魔力

玻璃瓶能够破裂，是因为干黄豆吸水后，体积不断地膨胀，产生了很大的压力，迫使玻璃瓶无法承受由内而外的压力，从而发生破裂。

66.龙虾的复活

龙虾是会冬眠的动物，它一旦进入冬眠，身体中的血液就不会再循环流动，直到春暖花开，它才会苏醒过来。龙虾被冰冻时，和这个道理是一样的，因为周围温度下降，它便进入了冬眠的状态，后来被取暖器一烘，周围的温度立刻上升，到达一定程度后，它就会从冬眠的状态中苏醒过来。

67.植物的呼吸

叶子的背面，有许多细小的气孔，这些小气孔就好像我们的鼻子和嘴一样，是用来呼吸的。植物通过这些气孔，吸进空气中的二氧化碳，释放出氧气。当这些气孔被凡士林堵住后，气体就无法自由出入，因此，叶子便会枯死。

植物叶子的正面是没有气孔的，家里养的花花草草，有时候会落上一层厚厚的灰尘，当我们在冲洗灰尘的时候，并不是在擦拭气孔，而是为了植物能更好地与阳光接触，进行光合作用。

68.穿越障碍的豌豆

植物体内生长素的分布受光照的影响，因此植物的芽和叶子会向着有阳光的方向生长，这就是植物的向光性。实验中的豌豆种子就是为了朝向有光照射的地方生长，才会变成弯弯曲曲的。

69.蝗虫的鼻子

蝗虫的呼吸器官不是长在头上，而是长在身体上的。在蝗虫的胸部和腹部的两侧，有一行排列得整整齐齐的小孔，共有10对，这就是蝗虫的气孔，每个气孔向内，连接着一条气管。气孔是蝗虫呼吸的门户，那只头浸没在水中而身体露在外面的蝗虫，因为它的呼吸系统没有受到影响，所以还活着。而头露在外面身体浸在水中的蝗虫，因为无法呼吸到空气，所以慢慢地死去了。

70.羽毛的秘密

我们都知道，油和水是不相融的。鸭子经常在水中活动，羽毛不会被水浸湿，是因为鸭毛上面有一层油脂。在鸭子的尾部有分泌油脂的腺体，叫作尾脂腺。平时，我们经常看见鸭子将头转到身体的后边，用嘴去挠尾部，其实，它是在用嘴刮取油脂，然后把油脂涂在羽毛上。在水中生活的鸟类都有这个特点，就像穿上了一件防水的雨衣一样，还可以增加它们在水中的浮力。当然，鸡也有尾脂腺，但是，鸡不用嘴去刮取油脂并涂抹在羽毛上，所以鸡毛很容易被雨水淋湿。

71.蚱蜢的眼睛

蚱蜢头部的两只复眼是由许多小眼睛组成的，复眼能识别物体的形象，特别是运动着的物体。因此，复眼是蚱蜢的主要视觉器官。蚱蜢的两只复眼之间，隆起的地方是它的单眼，单眼是辅助视觉器官的，它的功能是辨别光线的明暗。封住复眼，蚱蜢还能靠单眼来辨别明暗，找到小洞。如果把单眼也遮住，蚱蜢就完全没有了视觉能力，再也找不到小洞了。

72.拯救溺水的苍蝇

苍蝇是昆虫类，它没有肺，只能靠气门的细小气管来呼吸。它的气门主要位于腹部的两侧，气门充满水时，苍蝇就会溺水。在它的身体上撒上食盐后，食盐的溶解需要水，盐就会溶于苍蝇体表的水中，水会朝着盐浓度高的地方流动，便从气门中流出来，从而使苍蝇恢复呼吸。

73.再生的鱼鳍

鱼鳍就像壁虎的尾巴一样，是可以再生的，其再生的能力与组织的生长程度有关，靠近鳍的基部是新的组织，长得很快，鳍的尖端是老的组织，生长的速度很慢。另外，刚剪去鱼鳍的时候生长快是因为刚剪去的时候生长的部位是新组织，以后逐渐变成老的组织，生长的速度就会慢下来。在这个实验中，值得注意的是，要给泥鳅适时地换水，不断地添加鱼饵，使它们能比较顺利地完成鳍的再生。

74.苹果上的名字

苹果里含有叶绿素、叶黄素、花青素等色素。叶绿素呈绿色，果实成熟时，叶绿素就会分解消失；叶黄素能使果实呈现黄色，它在植物体内又会转化成花青素；花青素在酸性溶液中呈红色。苹果在阳光的照射下，生命活动旺盛，酸性物质增加，花青素就变成红色，使苹果向阳的一面呈现鲜红的颜色，被纸片遮住的部分，由于缺少阳光照射，花青素仍然保持着淡青色。这样，苹果上就"长"出了字。

75.蚯蚓"闻"路

蚯蚓长期在土壤中生活，几乎见不到任何光线，因此，它的眼睛逐渐退化了，但是，蚯蚓的前端有着灵敏的嗅觉器官，它的嗅觉很好，可以用它来辨别方向。所以，当蚯蚓闻到大葱的味道时，就会循着味道辨别，钻到葱的下面去了。

76.苹果流口水

苹果的洞窝里面有少许的水分，将白砂糖撒到上面，砂糖融化，就会形成一层高浓度的溶液，因为苹果细胞液的浓度较低，于是水分就从低浓度的苹果细胞液里渗透到外面的糖液里，然后汇聚成"水流"。明白了这个道理后，你在给花草树木施肥时，就千万不要用太浓的肥料水，否则，植物表皮里面的水分就会倒流到土壤里，使植物打蔫，甚至枯死。

77.种子的呼吸

种子的呼吸是吸收空气中的氧气，呼出二氧化碳，瓶内种子吸收了瓶内空气中的氧气，放出了二氧化碳。但是，它放出的二氧化碳被小瓶内的碱溶液吸收了，因此，整个小瓶里的空气密度变小，压力降低。这样，大瓶内的气压比外界的气压小，水杯里的水就沿着玻璃管上升了。这说明，瓶内的种子是有生命的。干燥的种子的呼吸是很弱的，通常情况下，生命力较持久。潮湿的种子，呼吸较旺盛，容易失去生命力。另外，温度对种子的寿命也有直接的影响，温度高，种子的寿命就短，温度低，种子的寿命就长。

78.自制晴雨计

成熟的松果上长着许多舒展开的鳞片，这些鳞片由木质纤维组成。当木质纤维受潮时，就会伸长，干燥时又会收缩。利用这个特性，就可以把松果做成一个晴雨计了。

79.挑西瓜

西瓜熟的程度不一样，密度也就不一样，西瓜在生长到一定程度时，其重量就不会增加了，但是西瓜会继续涨大，密度也会越来越小。所以，成熟的西瓜会在水中漂得高一些。

80.撑破肚皮的樱桃

樱桃表皮有细微的孔隙，水虽然可以渗入樱桃，但它体内含糖分的浓汁却不会渗出来，渗入的水分在樱桃果实中稀释了糖汁，同时增强了细胞中的压力，最终导致樱桃的果皮爆裂。渗透的过程和植物从根部吸取水分传发的过程是一样的，是一个细胞一个细胞地逐渐传导的。在生物机体内发生的许多过程，都与此有关。如物体进入水中则膨胀、植物从其根部吸收氧分、动物体内的氧分通过薄膜而进入血液中等现象都是渗透作用。

81.妙取DNA

洗涤剂和盐能将猕猴桃的细胞膜剥去，猕猴桃中的蛋白酶会分解粘在DNA上的蛋白质，从而释放DNA，使其悬浮于绿色的液体中。当我们把乙醇倒入杯中时，DNA就会析出，变成固体，上升到绿色液体层的上面。

第四部分　力与运动的相互博弈

82. 爱跳舞的葡萄干

葡萄干不仅好吃，还会跳舞呢！你知道这是怎么回事吗？

需要准备的工具和材料：葡萄干、碳酸饮料、玻璃杯。

操作步骤：①在玻璃杯中倒入大半杯碳酸饮料。②在杯子中加入一些葡萄干，这时，葡萄干就会跳起舞来。

碳酸饮料

83. 飞溅的水珠

需要准备的工具和材料：搪瓷脸盆、水。

操作步骤：①将搪瓷脸盆洗干净，在盆内放入九成的水，并将盆子放在平稳的桌面上。②把手洗干净，保持双手的干燥。③用双手的大拇指沿着盆边缘对称的两侧，来回用力地进行有节奏的摩擦。④随着摩擦节奏的不断调整和力度的逐渐加大，脸盆中的水珠就会向上飞溅，甚至高度可高达10厘米左右。

你知道这是为什么吗？

84. 生日礼物

在朋友过生日的时候，你是不是会为送朋友什么礼物而发愁呢？我们为什么不自己做一个魔盒玩具来送给朋友呢？他一定会非常高兴的。

需要准备的工具和材料：带盖子的空盒子、塑料泡沫、厚纸板、细铁丝、竹签、彩笔、水、剪刀、强力胶。

操作步骤：①用彩笔在厚纸板上画一个有两只小手的小丑造型，然后将小丑剪下来。②将竹签插在泡沫上，并在竹签的底部缠上两根铁丝，两根铁丝的另一端斜向上拉直成"V"字型。这里需要注意的是，竹签的长度不要超过盒子的长度。③用强力胶将小丑的头部粘在竹签上，将小丑的两只手分别粘在两根铁丝上。④将空盒内装入大约2/3的水，然后用手将做好的小丑压入水底，并把盖子盖好。⑤当朋友打开盖子的时候，盒子里面的小丑就会露出头来。

你知道小丑为什么会把头露出来吗？

85. 不会被浸湿的报纸

柔软的报纸浸在水中，竟然没有被弄湿，是不是很神奇呢？其实，这里面有一个小小的诀窍，下面我们就来试试吧。

需要准备的工具和材料：一张报纸、玻璃杯、脸盆、水。

操作步骤：①把报纸揉成一团，紧紧塞进杯子的底部。②把玻璃杯的杯口朝下，使纸团不掉出来，然后垂直迅速地将玻璃杯扣入装满水的盆中，并把杯子压到盆底，使整个杯子都进入水中。③取出玻璃杯，擦干玻璃杯口处的水，然后取出报纸团。这时，你会发现，报纸真的一点也没有被水浸湿。

86. 分不开的玻璃

两块玻璃之间，如果加一些水，就怎么也分不开了，比用胶水粘的还要牢固，这是什么原因呢？

需要准备的工具和材料：两块玻璃、水。

操作步骤：①将两块玻璃竖在桌子上，只要一松手，马上就会分开。②将两块玻璃的表面擦干净，在表面上倒少量的水，然后叠在一起。③用手垂直拉两块玻璃，结果你会发现，两块玻璃再也分不开了，它们如同被粘住了一般。

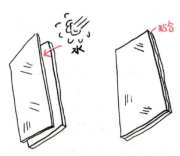

87. 开罐头的诀窍

食品罐头的盖子非常不易打开，这时，就需要螺丝刀的帮助。但是，即使有了螺丝刀，如果不知道诀窍的话，也会白费力气。小朋友，你知道诀窍是什么吗？

需要准备的工具和材料：食品罐头，长、短螺丝刀各一个。

操作步骤：①先用长螺丝刀开启食品罐头。②再用短螺丝刀开启食品罐头。你会发现，用长螺丝刀开启罐头比用短螺丝刀开启罐头要省力。

88. "躺钉床"的秘密

我们在看杂技的时候，经常看见一个人躺在铺满了钉子的木板上，却安然无恙。虽然表演人员很厉害，但其中也有小小的诀窍，你知道吗？

需要准备的工具和材料：硬纸板、剪刀、图钉、沙子、盆。

操作步骤：①用剪刀将硬纸板剪成大小相同的两块长方形纸板。②在其中一块纸板的5个角上钉4个图钉，在另一块纸板上均匀地钉上40个图钉。③将两块纸板放在一盆沙子上，使带钉的一面接触沙子，你会发现，钉4个图钉的纸板比钉40个图钉的纸板要陷得更深。

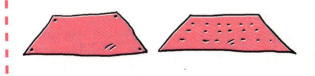

89. 风筝的秘密

春天是放风筝的好时节。大家在放风筝的时候，有没有注意到所有的风筝都有一条漂亮的尾巴呢？如果我们的风筝没有尾巴，它还能飞起来吗？

需要准备的工具和材料：彩色纸、透明胶带、剪刀、棉线。

操作步骤：①先用剪刀把彩色的纸剪成长15厘米，宽25厘米大小的纸，再用透明胶带把棉线粘在彩色纸一端的中央，做成一个没有尾巴的风筝。这时，拽动棉线向前跑，你会发现，风筝只会上下摇摆，根本飞不起来。②再用剪刀剪两条长约30厘米、宽约3厘米的纸条，作为风筝的尾巴。并用透明胶带将其固定在风筝的末端。我们再次拽动棉线，这时，风筝在风的带动下，平稳地飞上了天空。

小朋友，你知道这是怎么回事吗？

90. 回旋镖

在电视剧里和动画片里，我们经常能看到一种兵器，这就是回旋镖。那是一种飞出去之后又会自动飞回来的飞镖。小朋友，你知道它为什么能自己飞回来吗？

需要准备的工具和材料：硬纸板、铅笔、砂纸、剪刀。

操作步骤：①用铅笔在硬纸板上画出一个"V"形飞镖的形状，两端的拐臂大约有20厘米长。②用剪刀沿所画的线剪下来，并用砂纸把边角磨圆。这样，一个简易的回旋飞镖就做好了。③用大拇指和食指夹住飞镖的一端，让另一端对着自己，用力朝一个小小的斜度抛出去，它就会在空中画一条曲线，然后又迅速地飞回到你的身边。

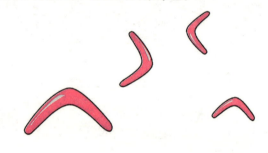

91. 空气的重量

空气是无色无味的，也是看不见摸不着的。但是，空气是有重量的，下面，我们就通过一个游戏来给空气称一下重量，并请你说明其中的原理。

需要准备的工具和材料：1000毫升的薄壁烧杯、橡皮塞、玻璃管、厚橡胶管、托盘天平、螺旋夹、砝码、真空泵。

操作步骤：①用真空泵将烧杯中的空气抽走，让里面成为真空的状态，然后用螺旋夹夹紧橡胶管。②把烧杯放在天平的左盘上，右盘放入砝码，使天平平衡。③松开夹子，让空气进入烧杯中，此时，天平就会失去平衡。增加右盘中的砝码，使天平重新达到平衡状态，增加的砝码就是进入烧杯中的空气的重量。

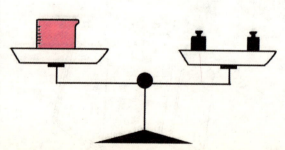

92.纸的力量

一张纸也能将一本书高高地托起来，你知道这是为什么吗？

需要准备的工具和材料：一张纸、胶带、一本书。

操作步骤：把纸折成一个圆筒形的纸卷，用胶带粘好纸的边缘处，把纸卷立于平稳的桌面上，并在上面放一本书。书并没有像想象中那样掉下来，而是平稳地躺在纸卷之上了。

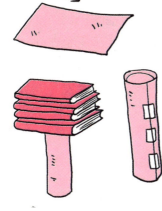

93.直立的铅笔

把铅笔直立放在一张平整的纸上面，你能在不挪动铅笔的前提下，把纸抽出来吗？这样做，用的是什么原理呢？

需要准备的工具和材料：纸、铅笔。

操作步骤：①把一张平整的纸放在平滑的台面上，将一支铅笔竖着直立在上面。②迅速将纸条抽出来，铅笔并没有倒下。

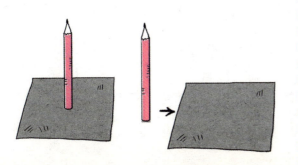

94.坚硬的灯泡

电灯泡是家中必备的生活用品。掉在地上，就会摔碎。在这里，我们有一个好办法，可以让灯泡掉在地上摔不碎，不相信吗？下面我们就来试一试。

需要准备的工具和材料：旧灯泡。

操作步骤：站在硬地面上，手中拿一只旧灯泡，把灯泡的金属部分朝下，然后松开手，你就会发现，掉落在地上的灯泡安然无恙，并没有摔碎。

95.雨伞防水的秘密

雨伞是用布或丝绸制成的，可它为什么不会被水浸透呢？

需要准备的工具和材料：水、普通衣物、雨伞、杯子。

操作步骤：①在普通的衣物上倒半杯水，水很快就会渗入到衣服上面。②把另外半杯水倒在雨伞上，水却顺着雨伞滑落下来，无法渗入到里面。

你知道这是为什么吗？

96.巨石的秘密

我国的万里长城非常雄伟，长城下面的地基是由巨石铺设的。那么，这些巨石是如何运到那么陡峭的山坡上去的呢？通过下面的小游戏，我们来揭开运输巨石的秘密。

需要准备的工具和材料：弹簧、圆形铅笔、木块、直尺、纸。

操作步骤：①用弹簧匀速拉动放在水平桌面上的木块，然后用直尺测量出弹簧的长度，并记录下来。②将事先准备好的铅笔整齐地排列好，把木块放在这些铅笔上。③再用弹簧匀速拉动放在铅笔上的木块，然后用直尺测量弹簧的长度，并记录下来。④你会发现，下面垫了铅笔后，比直接拉动木块要省力得多。

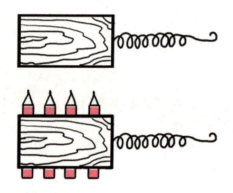

97.吹不出来的泡泡

我们都知道，肥皂水是可以吹出来泡泡的，但是，如果往肥皂水里加一些醋，就再也吹不出泡泡来了，这是什么原因呢？

需要准备的工具和材料：清水、肥皂、醋、杯子、细铁丝、筷子、小刀。

操作步骤：①用小刀切一小块肥皂放进杯子中，加入水，用筷子搅拌，使肥皂块溶解于水中。②把细铁丝做成一个带长把的小铁圈，然后在肥皂水里蘸一下，对着细铁丝做成的小圈慢慢地吹一口气，你可以吹出很多漂亮的泡泡。③在肥皂水中倒入一些醋，然后再用筷子搅拌均匀，再用细铁丝做的小圈蘸一下。这时你会发现，无论你怎么用力，都再也吹不出泡泡来了。

98."工"字型铁轨

火车道上的铁轨大多是"工"字型的，你知道为什么要把铁轨制成"工"字型吗？

需要准备的工具和材料：两把椅子、砖头、绳子、木板。

操作步骤：①将两把椅子分开约60厘米，背靠背放在一条直线上。②用绳子系上砖头，然后将一块木板平放在椅背上，并把砖头吊在木板上。③注意观察木板被砖头拉弯的程度；取下砖头，把木板翻转90度，使它侧立在椅背上，再重新系上同一块砖头，注意观察这时木板被砖头拉弯的情况。④从游戏中可以看到：木板平放时，被砖头拉弯了；而木板立着放时，砖头不能把木板拉弯。

99.安全着陆的鸡蛋

当宇宙飞船从外太空返回地面时，由于其下降的速度非常快，如果不采取减速和减震的措施，飞船里的宇航员的生命安全就得不到保障。因此，在宇宙飞船和航天飞机上，都配有很多减震的措施来保证飞船与宇航员的安全着陆。下面这个游戏，就是模仿宇航员安全着陆的过程。

需要准备的工具和材料：生鸡蛋、空罐头盒、塑料薄膜、细线、水。

操作步骤：①用塑料薄膜紧紧地包住鸡蛋，然后将薄膜周围系上一些细线，将线头系在罐头盒上，使薄膜包裹之下的鸡蛋能悬吊在罐头盒里。②将罐头盒里灌满水，再扣上盖子，注意不要让水溢出来。③站在一个比较高的地方，双手平举罐头盒，使其自由落下。④观察落下的罐头盒，也许会摔裂变形，里面的水也会四处飞溅，但是，当我们打开罐头盒后，却会发现里面的鸡蛋毫无损伤。你知道这是为什么吗？

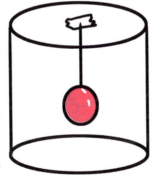

100.跳动的玻璃球

小朋友们一定经常玩五颜六色的玻璃球吧，如果不动它，它就会在原地站着不动。但是你知道吗，玻璃球自己也会跳动起来，你肯定没有见过吧。下面我们就来做个小实验吧。

需要准备的工具和材料：汽水、玻璃球、食盐、小勺。

操作步骤：①将汽水瓶打开，放入一小勺食盐。②将比汽水瓶口大一点的玻璃球放在汽水瓶的瓶口上，不要让玻璃球掉进瓶内。③你会发现，刚放在瓶口上的玻璃球还老老实实地停在那里，不一会儿，玻璃球就开始上下跳动起来。

小朋友，你知道这是为什么吗？

食盐↓

101.地球的形状

地球是椭圆形的，但是，你知道这是为什么吗？

需要准备的工具和材料：纸、剪刀、直尺、胶水、铅笔。

操作步骤：①在直尺和铅笔的帮助下，用剪刀剪两条长度相同的纸条，把两个纸条的中心交叉粘在一起。②将十字形的纸条的四端粘在一起，使纸条弯成一个圆形。③等胶水干了以后，用一根长铅笔从纸球的底部穿过，再从顶端穿出。④双手用力搓动铅笔，纸球在快速旋转的同时，两端向中心收缩，慢慢地就会变成像地球一样的椭圆形了。

转动

102. 自动划桨的船

大家都在公园里玩过自动划桨的船吗？那你知道自动划桨的船是依靠什么前进的吗？

需要准备的工具和材料：火柴、橡皮圈、塑料卡片、一盆水、强力胶。

操作步骤：①把火柴盒里面的盒屉抽出来，取两根去掉火药的火柴棒用胶水粘在盒屉的两侧，火柴棒要露出一半。②等火柴棒在盒屉上粘牢后，将盒屉装回火柴盒里，把橡皮圈套在伸出火柴盒外面的火柴棒上。③用强力胶把塑料卡片在橡皮圈上粘牢，把塑料卡片按顺时针扭转几圈，然后用手捏紧卡片，把火柴盒放在水盆里，松开手，火柴盒做的船就可以自动划桨前进了。

103. 真假不倒翁

不倒翁，就是不论你怎么推它，它自始至终都是站立不倒的，你知道不倒翁不倒的奥秘吗？

需要准备的工具和材料：锥子、蜡烛、生鸡蛋2个、热水、针管、沙子、胶带。

操作步骤：①用锥子在鸡蛋较尖的那端轻轻地戳个小洞。②将针管插进鸡蛋里面，把蛋黄和蛋清全部吸出来，再用清水洗净蛋壳，然后晾干。③在一个蛋壳里加入一些沙子，然后用胶带将小洞封住。④在另外一个鸡蛋壳里面装上一些蜡烛屑，封上小洞之后，将鸡蛋壳在开水中加热，等蜡大约熔化后，把蛋壳拿出来冷却。⑤在两个鸡蛋壳的外面分别画上一个不倒翁的形象。⑥把两个不倒翁放在桌子上试验一下，你会发现，装有蜡屑的才是真正的不倒翁。

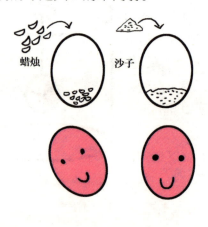

蜡烛　　　　沙子

104. 不会被冲走的乒乓球

一般情况下，水流会把浮在它上面的物体冲走，可是现在，水流不但没有把乒乓球冲走，反而把它稳稳地抓住了。你相信吗？

需要准备的工具和材料：乒乓球、水壶、水、脸盆。

操作步骤：①在一个脸盆中装入少半盆的水，把一只乒乓球放在水面上。②用水壶灌满一壶凉水，往乒乓球上浇。③你会看到，乒乓球被湍急的水流冲得不断地在水面上"跳动"，但是，乒乓球就是停留在原地，不会被水流冲走。④随着盆内水位的升高，乒乓球也会跟着慢慢地浮起，但始终不会离开浇它的水柱，就像被水柱牢牢地抓住了一样。

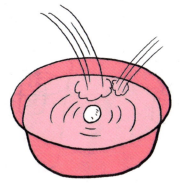

105. 重心在哪里

一般情况下，对称的物体的重心都在它的中心点上。但是，对于那些不对称的物体，我们要怎么找到它的重心呢？

需要准备的工具和材料：木条、不规则且不对称的纸板、钉子、细线、橡皮泥、铅笔、直尺。

操作步骤：①用钉子在形状不规则且不对称的纸板边缘随机扎3个小孔。②在细线的一端粘上橡皮泥，另一端系在钉子上。③将木条垂直地立在墙边。④将钉子穿过不规则纸板的1个孔中，并钉在木条上，使细线垂直向下。然后用铅笔和尺子沿细线在纸板上画一条线。⑤再将钉子分别钉在纸板的另外两个小孔中，重复步骤④。⑥纸板上的3条细线的交叉点就是它的重心了。多重复几次，重心就会更准确。

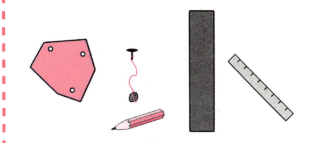

106. 失重的物体

物体在失重的情况下，会发生奇妙的现象。通过下面的游戏，我们来了解一下物体在失重的情况下都会发生哪些情形。

需要准备的工具和材料：砖、纸条、火柴、棉线。

操作步骤：①取两块砖，上下叠好，中间夹入一张狭长的纸条，纸条被紧紧地压在砖中间，很难被抽出来。②用棉线将两块砖吊起来，用火柴烧断捆绑两块砖的棉线，使砖块自由下落，同时，用手抽出砖块之间夹着的纸条。结果，纸条很容易就被拉出来了。

你知道这是为什么吗？

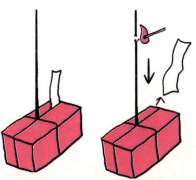

107.洗衣机的甩干原理

几乎所有的洗衣机都有甩干功能，我们在洗完衣服后，经常用到这个功能。但是，你知道洗衣机为什么能把衣服甩干吗？你知道其中的原理吗？

需要准备的工具和材料：厚纸板、塑料的眼药水瓶、水、圆规、牙签、剪刀。

操作步骤：①用圆规在厚纸板上画一个直径为5厘米的圆，然后把这个圆剪下来，并用牙签穿过圆纸片的圆心。②把眼药水的小瓶装满水。③用手捻动牙签，使圆纸片转动起来。然后用眼药水瓶，向转动的圆纸片上滴水。你会发现，水滴被甩飞了。

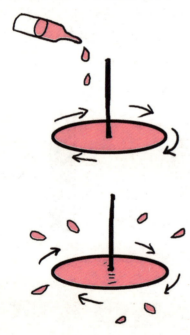

108.测量浮力

水中的物体都会受到水向上的浮力的影响，那么，怎么测量浮力呢？下面就来教大家一种简单的测量浮力的方法。

需要准备的工具和材料：锁、一杯水、弹簧秤、水笔、纸。

操作步骤：①将锁挂在弹簧秤下，记录下来弹簧秤的读数。②倒一杯水，将弹簧秤上的锁完全沉入水中，并记录下弹簧秤上的读数。③将记录下的弹簧秤的两个读数相减，所得到的数字就是锁完全浸入水中时所受到的浮力的大小。

109.发射火箭

　　火箭在离开地面飞上天空的那一刹那，会喷发出大量的气体，这些气体把火箭推向天空。下面这个游戏，就是模仿火箭升空的样子。

　　需要准备的工具和材料：气球、硬纸板、剪刀、胶带。

　　操作步骤：①用硬纸板剪一个直径为20厘米的半圆形。②卷起，并粘牢，使其形成一个敞口的圆锥体。③再从硬纸板上剪下一个长方形，然后对折，剪成一个沿长边有折口的三角形。把折口向外折，然后把这个三角形的折口粘到圆锥体的边上。④再做3个同样的三角形，对称地粘到圆锥体上。⑤吹一只气球，然后把气球放进圆锥体里。⑥松开气球的吹气口，"火箭"就会迅速飞上天空了。

参考答案

82.爱跳舞的葡萄干

气泡很容易附着于物体的表面。因而，饮料中的二氧化碳气泡会附着在葡萄干的表面，带着它们向上浮动。到达水面上，气泡破裂，葡萄干就会往下沉。然后又有很多的气泡聚集在葡萄干的表面，又带着它们浮起来。所以，葡萄干在我们眼中就像是在翩翩起舞一样。

83.飞溅的水珠

每个物体都有自己特定的频率，脸盆也是如此。当双手的两个大拇指有规律地按一定的距离对称地在盆子边缘摩擦，摩擦产生的振动频率和脸盆本身的固有频率达到同步时，脸盆就会发生共振。共振时，脸盆四壁发生横向振动，这种振动，犹如在平行于水面方向用手急速地拍打水面，迫使水珠四处喷溅。

84.生日礼物

塑料泡沫的密度比水小，因此，它会浮在水面上。我们用力可以将其压入水底，当打开盒子的盖子后，外力消失，塑料泡沫就会浮出水面，从而将上面的小丑顶了出来。

85.不会被浸湿的报纸

杯子中原本是有空气的，而在水中的物体会受到水的压力作用，但盆中的水压不足以压缩杯子中的空气。因此，当玻璃杯杯口向下进入水中时，杯子中的空气无法排出，便在报纸和水之间建起了一个"保护层"，这样，水就没有办法将报纸浸湿了。

86.分不开的玻璃

两块干燥的玻璃叠在一起，因为中间有空气，内外的压力是相等的，因此很容易分开。当两块玻璃中间滴上水后，再叠放在一起时，水滴就把两块玻璃间的空气挤跑了，外界大气就把两块玻璃"压"在了一起，所以很难再将两块玻璃分开，给人一种用胶水粘起来的感觉。

87.开罐头的诀窍

开罐头的诀窍就在于运用了杠杆和力距的关系。力距等于作用在杠杆上的力乘以支点到力的垂直距离。因此，在一定条件下，支点到力的垂直距离越大，所用的力就越小。试验中，长螺丝刀的施力点到支点的垂直距离比短螺丝刀的施力点到支点的垂直距离大，所以用的力小，当然也就更省力。

88."躺钉床"的秘密

这个秘密用压强的计算公式就能解释清楚。压强等于压力除以接触面积，只要接触面积足够大，即使压力很大，也产生不了危害。

89.风筝的秘密

风筝后面的尾巴对风筝来说，起到了平衡的作用，能增加风筝在空中的稳定性，使风筝不会因只受到轻微的气流作用就失去平衡。因此，要想让风筝自由地飞上天空，必须要在后面加上漂亮的尾巴。

90.回旋镖

飞镖以一个小的斜度被抛出去后，就会始终受到一个斜的空气阻力，从而使飞镖不断地改变前进的方向，在空中画一个圈，然后又回到了抛出点附近。

91.空气的重量

空气是有重量的，用真空泵将烧杯抽成

真空后，烧杯内基本上就没有空气了，前后的重量差就是烧杯内空气的重量。

92.纸的力量

一张纸能承受多大的压力，主要取决于纸张受力时的弯距。弯距就是纸张的受力点和受反作用力的点之间的距离。弯距越大，纸张受的力就越大，反之就越小。直接把重物放在纸上，则纸的受力点和受反作用力的点几乎在同一位置上。因此，弯距小，所承受的力就小。把重物放在竖直的纸卷上，纸的弯距较大，因此，承受的力较多。所以，一张纸就可以托起一本书了。

93.直立的铅笔

所有的物体都有保持其原有的静止或运动的倾向。铅笔对纸的快速运动进行了反抗，所以在把铅笔下面的纸抽走后，依然能停在原地，不会倒下。

94.坚硬的灯泡

灯泡在下落时，受到的冲击力直接作用在灯泡的金属部分，而在这种情况下，金属是不会破的。金属灯头保护了灯泡的玻璃部分。虽然灯头落地时，灯泡会略微跳动一下，但这小小的力是不足以把灯泡弄碎的。

95.雨伞防水的秘密

雨伞是用防雨布（经防水剂处理的普通布）制成的。防水剂是一种含有铝盐的石蜡乳化浆。石蜡乳化后，变成细小的粒子，均匀地分散，黏附在布的纤维上。石蜡和水是不能相互溶解的，水遇到石蜡，会形成椭圆形的水珠。可见，石蜡起到了防雨的作用。物理学上把这种不沾水的现象叫作"不浸润现象"。而水一遇到普通的棉布，就会通过布纤维间的毛细管渗透进去，这就是"浸润现象"。

96.巨石的秘密

物体间相互接触所进行的运动，会产生摩擦力；接触面越粗糙，摩擦力就越大。在相同的条件下，质量越大的物体，产生的摩擦力也就越大。滚动摩擦比滑动摩擦小。因此在木块下垫上铅笔后，接触面积小，摩擦力小，因而容易拉动。

97.吹不出来的泡泡

肥皂的主要成分是高级脂肪酸钠盐，其水溶液能增强水的表面张力，因此能吹出许多漂亮的泡泡来。但是，醋中所含有的醋酸却可与各种钠盐发生反应，生成能减小水面张力的物质，当肥皂水里的高级脂肪酸钠盐被分散掉以后，水的表面张力就减小了，这样，我们就再也吹不出泡泡来了。

98."工"字型铁轨

立放的木板比平放的木板能够承受更大的压力。根据这个原理，在很多情况下都把钢制成"工"字钢。钢轨就是用"工"字钢制成的，它能承受火车头和车厢的重量而不被压弯。这就是火车铁轨制成"工"字型的道理。

99.安全着陆的鸡蛋

生鸡蛋没有破裂，是因为罐头盒里面的水在罐头撞击地面时吸收了大部分冲击的能量，作用在鸡蛋外壳上的力量就变小了，而鸡蛋悬空是为了避免罐头盒撞地时冲击力直接作用在鸡蛋上。实际上，真正的宇宙飞船上的制动措施是相当复杂的，但原理不外乎避免冲击能量直接作用在宇航员身上。

100.跳动的玻璃球

由于汽水中有很多在高压下溶进去的二氧化碳气体，所以，当我们往汽水瓶中加入食盐后，就会产生更多的碳酸气体，把玻璃球放在瓶口，就堵住了这些多余气体的出路，这样，汽水瓶内的气压就会逐渐升高。当汽水瓶内外的气压差足以顶开压在瓶口上的玻璃球时，玻璃球就会自动跳了起来。当瓶内的气体从顶开玻璃球的出口流出，瓶内的气压就会降低，玻璃球就会重新落下来，然后，瓶内的气压又会升高。这样反反复复，放在瓶口的玻璃球看起来就像是在上下跳动了。

101.地球的形状

圆球体在旋转时，在离心力的作用下，球体中间的一部分物质会越来越向外突出，而两端的物质则会慢慢地向中心凹陷。久而久之，就会由一个正圆的球体变成一个中间凸、两端略扁的椭圆形的球体了。实验中的纸球就是如此，椭圆形的地球也是在不停地自转的过程中受离心力的作用而逐渐形成的。

102.自动划桨的船

当你用手扭动粘在橡皮圈上的塑料卡片时，橡皮圈就拧在了一起。有一部分能量以弹性势能的形式保存了起来。当你松开手时，这些能量就转换成小船的动能，从而推动小船前进。

103.真假不倒翁

不倒翁是巧妙利用物体的重心定性从而保持平衡的，在这个小实验中，装了蜡屑的不倒翁的重心被转到了有蜡的部位，已经被固定了，无论你怎么推动蛋壳，它都会恢复

到原来的平衡状态。

104.不会被冲走的乒乓球

乒乓球周围的水流动的时候，使乒乓球周围的空气压力变小。只要乒乓球周围水流的情况有变化，那么它周围的空气压力就会跟着发生变化。乒乓球在这种压力的作用下，会不断地调节，始终保持在水柱底部的中央，不会被水柱冲走。

105.重心在哪里

用绳子把物体挂起来，物体的重心必然在绳子所在的直线上，两条直线只有一个交点，该交点就是重心的位置。如果第三次细线所在的直线也穿过了该点，就验证了该点确实是物体的重心位置。若有一条线偏离了，则表示操作错误，或重心找得不对。这时，我们就得重新做一遍了。

106.失重的物体

砖块在自由下落的时候，处于失重状态，其重力全部用于提供向下的加速度。因此，两个砖块间的压力为零，纸条自然就被很容易地抽出来了。

107.洗衣机的甩干原理

任何物体围绕圆心做圆周运动时，都有向远离圆心方向运动的趋势，这就是离心现象。圆纸片在旋转的时候，带动纸片上的水滴一起做圆周运动，水滴在离心力的作用下被甩出去，无法停留在纸片上。同时，洗衣机的脱水机实际上就是一个离心机，它可以将衣服中的水甩出去，使衣服基本变干。

108.测量浮力

锁完全浸入水中后，受到浮力的作用，

抵消了自身的一部分重力，所以弹簧秤的读数就会下降，而下降的重量正好是浮力的大小。

109.发射火箭

火箭升空的动力是气体高速喷射的力量。当点燃燃料后，火箭向后喷出气体，把火箭快速向上推进，从而冲入太空中。

第五部分　破解电与磁的奥妙

110.哑巴收音机

把收音机的音量调到最大，当把它放在加盖的塑料桶和铁桶内时，它的声音会发生什么变化呢？

需要准备的工具和材料：收音机、塑料桶、铁桶。

操作步骤：①把收音机放在加盖的塑料桶内，你会发现，收音机的声音稍微变小了一点。②把收音机放在铁桶内，收音机的声音就完全消失了。

你知道这是为什么吗？

111.自制迷你麦克风

在公众面前讲话时，或是在舞台上唱歌时，我们需要麦克风的帮助来扩大音量。麦克风可以将我们的声音转化为电信号，从而便于存储、处理、传输。下面，我们就根据这个原理来做一个小型的麦克风。

需要准备的工具和材料：铅笔芯、火柴盒、电话线、电池、耳机。

操作步骤：①将所有的铅笔芯削光滑。用两根铅笔芯从接近盒底的两壁穿过火柴盒，在两根笔芯上横着放一根短笔芯，这样就制成了一个小型的麦克风。②将这个麦克风用电话线与电池及耳机连接起来。③平拿火柴盒，并对着它讲话，这时，耳机里就能清楚地听到你的声音了。

小朋友，你知道为什么耳机里能听到你的声音吗？

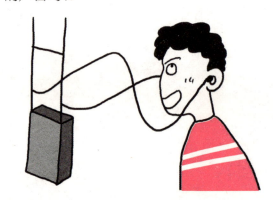

112.粘在手上的吸管

不需要用手拿着、捏着，吸管就是紧紧地粘在手上。这是为什么呢？

需要准备的工具和材料：塑料吸管、报纸和剪刀。

操作步骤：①用剪刀将报纸剪下一块，然后将报纸包在塑料吸管的外面。②将吸管与报纸来回摩擦一会儿。③将摩擦过的吸管竖着贴在右手手掌上，再松开手，你会发现，吸管紧紧地粘在右手掌上。

113. 分开混合物

把盐和胡椒面混合在一起，你能不能迅速把它们分开呢？

需要准备的工具和材料：塑料汤勺、盐、胡椒面、毛料布。

操作步骤：①在桌子上放一勺盐和半勺胡椒面。②把塑料汤勺先在毛衣或其他的毛料布上摩擦一会儿，然后将汤勺慢慢地接近盐和胡椒面的混合物。③你会看到，胡椒面自己跳起来了，并吸附在塑料汤勺上。

用这个方法，你就可以很快地将盐粒和胡椒面分开了。小朋友，你知道这是什么原理吗？

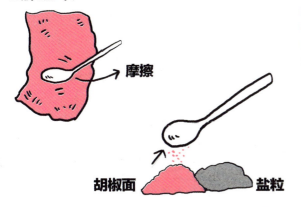

114. 调皮的磁场

指南针是指向南方的，但是，为什么指南针在通电的导线内，会改变方向呢？这是怎么回事呢？

需要准备的工具和材料：胶带、细导线、玻璃杯、指南针、电池。

操作步骤：①用胶带将细导线固定在倒置的玻璃杯上，使其成为弧形，在弧形导线下放一个指南针。②转动玻璃杯，让指南针的指针正好和导线平行。③将导线的两端连接在电池上，指南针的指针马上变成了与导线交叉的状态。

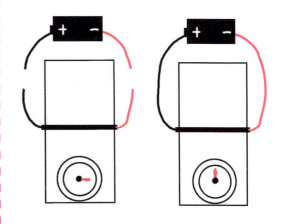

115. 会跳舞的小纸人

剪几个小纸人，它们会随着摩擦玻璃而翩翩起舞，这是什么原因呢？

需要准备的工具和材料：两本厚书、玻璃、尼龙布、纸巾、剪子。

操作步骤：①从纸巾上剪下几个很小的纸人，纸人的高度要比书的高度矮一点。②把两本书平放在桌子上，两书相距大约14厘米，将小纸人散放在两书间的空隙处。③在两本书上放一块玻璃板，用尼龙布摩擦玻璃板，小纸人就开始跳舞了。

116. 电流与磁场的关系

你知道在电流通过的导体周围，都存在着一个磁场吗？通过下面的游戏，我们就来了解一下电磁的磁场。并请你说出怎样确定磁场的方向。

需要准备的工具和材料：细铁丝、导线、电池、硬纸板、铁屑、勺子、钳子。

操作步骤：①用钳子把铁丝弯成螺旋状的底座，并让一端竖起来。将竖起的一端穿过硬纸板的中心。②将一根导线接在金属支架的底部，另一端接在电池上。将第二根导线连接在电池的另一极。③慢慢地用勺子将铁屑均匀地撒在纸板上。将第二根导线的另一端接在支架的顶部。通电后，用手指轻轻弹几下硬纸板，铁屑就会形成一个和底座一样的螺旋状的同心圆。将电流断开后，轻轻弹几下硬纸板，铁屑便又散乱开了。

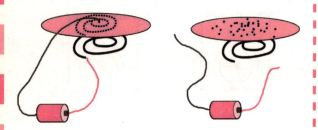

117. 复印机的工作原理

复印机现在已经成为工作、学习中必不可少的一部分。那么，你知道复印机的工作原理吗？

需要准备的工具和材料：电视机、棉花、痱子粉。

操作步骤：①把电视机打开几分钟，然后关掉。②用手指在屏幕上写几个字或画几个图案，再取一团棉花，蘸一些痱子粉。③在屏幕前轻轻拍打棉花，飞扬的痱子粉便会被吸附在电视机的屏幕上。但是，你用手指划过的地方，却几乎没有沾上痱子粉。

118. 保险丝的作用

我们在一些电闸上经常会安装保险丝，你知道保险丝的作用和工作原理是什么吗？

需要准备的工具和材料：铜线、细铁丝、导线、1.2伏的电池、水泥台。

操作步骤：①所有的操作都要在水泥台上进行。首先剪一根5厘米长的铜线，再剪一根相同长度的细铁丝，然后将两根金属线的线头拧在一起，形成一根长一些的金属线。②将一根导线夹在长金属线上铜丝的一端，将一根导线夹在长金属线上铁丝的一端。③将两根导线分别夹在电池的两端，观察将要发生的现象。接通电路后，等待一段时间，看看长金属丝上的铜丝和铁丝分别出现了什么现象。

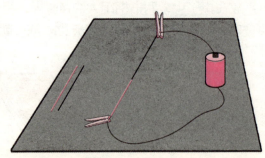

119.西红柿电池

很多人都爱吃西红柿,但是,在下面的游戏中,红通通的西红柿却变成了电池,这究竟是怎么回事呢?

需要准备的工具和材料:西红柿、铜片、锌片。

操作步骤:①将一块铜片和一块锌片插入西红柿中。②用舌头同时舔铜片和锌片。③将两块铜片(或两块锌片)插入西红柿中。④再用舌头同时舔两块铜片(或两块锌片)。⑤这时,你会发现,第一次舔的时候,舌头感觉发麻,这就说明西红柿内产生了微弱的电流;第二次舔的时候,舌头没有任何感觉,这说明西红柿内没有电流通过。

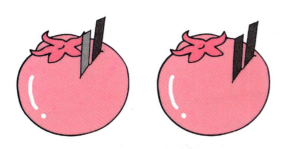

120.会验电的小球

摩擦可以产生静电,那么,有没有一种简单的方法可以验证物体本身带不带静电呢?依据的原理又是什么呢?

需要准备的工具和材料:塑料泡沫、锡纸、丝线、实验架、塑料尺。

操作步骤:①将塑料泡沫做成小球状,在外面用锡纸包裹住。②用丝线将小球悬挂起来,放在实验架上,用塑料尺靠近小球,你会发现小球没有任何反应。③把塑料尺的一端放在头发上反复摩擦几下,然后再靠近小球,这时你会发现,小球主动往塑料尺这边靠近,然后又迅速地分开了。

121.模拟光电池

你见过用光制作的电池吗?现在,我们就来制作一个简单的光电池吧,请你说出它的制作原理。

需要准备的工具和材料:硝酸、硝酸铅溶液、大口烧杯、大小相等的铜片和铝片、电流计、导线、可以调光的台灯、电炉、钳子。

操作步骤:①用钳子夹住铜片,在电炉上加热,直到铜片上覆盖一层黑色的氧化铜。②铜片冷却后,放入硝酸溶液中。这时,你会看到铜片的表面形成了一层红色的氧化亚铜。③用两根导线分别连接铜片和铝片,并将铜片和铝片插入硝酸铅溶液中。④把两根导线的另一端分别接在电流计上。打开台灯,将灯光聚焦在烧杯的铜片上,观察电流计。打开台灯时,会发现电流计发生偏转。关上台灯后,电流计会回到原始位置。

122.口渴的气球

我们都知道，气球在经过摩擦后，表面会带静电，可以吸附一些纸屑等微小的物体，还能吸附水。你知道这是为什么吗？

需要准备的工具和材料：气球、干毛巾。

操作步骤：①吹一只气球，放在干毛巾上来回摩擦。②打开水龙头，放出一小股水，把摩擦过的气球靠近水柱。③当气球靠近水柱时，水会被气球吸引，开始向气球的方向略微倾斜；当气球快要碰到水柱的时候，一些水滴就会飞起来，溅落在气球上。

123.地球大磁场

地球是一个巨大的磁场，根据这一点，请你回答：在下面的游戏中，小磁针为什么在静止后一端指向南，另一端指向北。

需要准备的工具和材料：大钢针、磁铁。

操作步骤：①把磁铁在钢针上按一个方向摩擦，使钢针带上磁性。②将钢针穿透在一块小软木上或者一小块塑料泡沫上。③把钢针放进盛有水的碗中，它就会浮在水面上，并左右不停地摆动起来。等到钢针静止的时候，钢针就会处在一端指向南、另一端指向北的位置上。

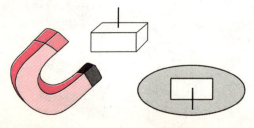

124.自制指南针

在一望无际的大海中航行，指南针是必不可少的工具。下面，我们就来做一个简单的指南针吧，并请你说出指南针能指方向的原理。

需要准备的工具和材料：两根缝衣针、条形磁铁、子母扣、大头针、厚纸片。

操作步骤：①把两根缝衣针并排放在桌子上，用条形磁铁的一极按照同一个方向摩擦数十次，使它们吸附磁力，变成磁针。②把两根磁针平行穿过子母扣的孔内，穿针前要将扣子捏得扁一些，这样就很容易穿进去了。③用大头针穿过厚纸片，使大头针竖立起来，针尖向上。将穿好磁针的子母扣顶在针尖上。④调整磁针的位置，使磁针能和子母扣一起水平地自由转动。根据磁针静止时的指向，确定它们的南北极。这样，一个指南针就做好了。无论走到哪里，我们都不会迷路了。

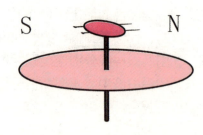

S   N

125. 用醋做电池

醋是人们日常饮食中必不可少的调味品。你知道吗，醋不但能食用，而且还可以用来制作电池，用来发电。我们来做个试验验证一下。

需要准备的工具和材料：小灯泡、两根电线、玻璃盆、醋、回形针、铜片、锌片。

操作步骤：①将灯泡插在灯座上，两端各连接一根电线。②往玻璃盆内倒入醋，作为电池的电解质。③将两根电线的另外两端用回形针分别固定在一片铜片和一片锌片上，把铜片和锌片放入醋中，灯泡就能发出光了。④取出金属片，再将电线的两端放入醋中，灯泡就无法变亮了。

醋

126. 人体电池

小朋友，你知道吗，我们的身体也是能够导电的。下面，我们来做个游戏，就可以证明这一点了。

需要准备的工具和材料：金属勺子、铝箔纸。

操作步骤：①一只手拿着金属勺子，另一只手拿着铝箔纸。放在舌头上，这时，我们什么味道也尝不出来。②把勺子和铝箔纸手握的一端相连接，再去感觉一下，你就能尝到一种苦苦的味道了。

可是，为什么会产生苦味呢？

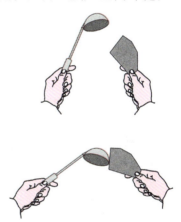

127. 物质的导电性

你知道有哪些物质具有导电性吗？下面我们来做一个游戏，通过游戏，你就会知道哪些物体具有导电性了。但是，你要说出其中的原理。

需要准备的工具和材料：纯净水、电池组、导线、灯泡、灯泡座、玻璃杯、吸管、两端削尖了的铅笔、铁制勺子。

操作步骤：①将导线的两端接在灯泡座的接口上，然后将灯泡拧在灯泡座上。将其中的一根导线接在插座上。②在玻璃杯中加入纯净水，将灯泡和插座上的导线的另外两端浸入纯净水中灯泡没有发光；将纯净水换成吸管，灯泡也没有发光。③换成两端削尖了的铅笔，灯泡就会发光；换成铁制的勺子，灯泡也会发光。

这是为什么呢？

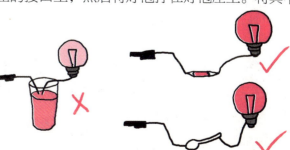

128.不分离的小鸭子

一盆水里，有两只小鸭子，就算把它们分开，它们也很快就会凑到一起，你能做到吗？

需要准备的工具和材料：泡沫塑料块、铅笔、画纸、钢针、磁铁、一盆水。

操作步骤：①割下两块泡沫塑料块，在中间各划出一条缝。②用铅笔在画纸上画出两只漂亮的小鸭子，剪下后，分加插在两块泡沫塑料块的缝中。③用两根50毫米长的钢针分别在磁铁上反复摩擦，再把钢针分别插到两块泡沫塑料的中心。④把做好的两只小鸭子放进盛有水的盆中。这时你会发现，两只小鸭子始终紧紧地依偎在一起，看起来就像是它们的感情很好，不愿意分开的样子。

129.判断磁性的强弱

即使是同一块磁铁，它的各个部分的吸附能力也是不同的，有的地方的吸附力很强，有的地方就很弱，甚至有的地方根本吸不住东西。通过下面的小游戏，我们就能很容易地判断出磁铁磁性的强弱。

需要准备的工具和材料：马蹄形磁铁、曲别针、桌子。

操作步骤：①将马蹄形的磁铁横着放在桌子边上，一端接触桌面，另一端悬空。②把曲别针吸附在磁铁的尾端，并一个个衔接下去，看看最多能吸附多少个曲别针。③依照步骤②，将曲别针按顺序在磁铁的顶端排列。④让磁铁的各个部分都吸附曲别针，观察所吸附的曲别针的数量是否一致，从哪个部分开始，磁铁连一个曲别针也吸不住了。

130.电路与磁铁的关系

磁铁把曲别针吸住后，为什么给曲别针通上电后磁铁上的磁性就消失了呢？你能说出其中的奥秘吗？

需要准备的工具和材料：两个三脚架、曲别针、马蹄形磁铁、导线、电池、细绳。

操作步骤：①用细绳把磁铁悬挂在三脚架上，用细绳把曲别针系在另一个三脚架上。曲别针的高度要与磁铁的高度相同。②将三脚架靠近一些，直到磁铁吸住曲别针为止。③将两根导线的一端分别夹在曲别针的两端，然后把导线的另外两端分别夹在电池的两端。当电路接通一段时间后，曲别针就会与磁铁分开了。

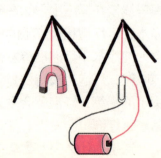

131.简单的磁力图

磁力是可以被画出来的，它能清晰地告诉我们磁场的分布情况，下面就是画出简单的磁力图的方法。请说出制作原理。

需要准备的工具和材料：白纸、磁铁、铁屑、发胶。

操作步骤：①把条形磁铁平放在桌子上，在磁铁上放一张纸。②在纸上撒一些铁砂，注意让铁屑分布在磁铁的正上方和磁铁的周围，轻轻地打纸，使铁屑分布均匀。③不要挪动白纸，把发胶喷到纸上。当发胶干了以后，把纸拿起来，我们就可以看到磁力图了。

132.磁悬浮原理

现代社会里，磁悬浮列车是很常见的，它的时速非常快。那么，你知道磁悬浮列车的工作原理是什么吗？

需要准备的工具和材料：两块圆形磁铁、大块橡皮、透明胶带。

操作步骤：①将两块磁性较强的磁铁的同极的那一面相对。②在这两块磁铁产生排斥作用的范围内，用大块的橡皮去阻隔，然后用透明胶带将磁铁的两端固定住。③把磁铁放在桌子上，然后抽出阻隔在磁铁中间的橡皮，这时，你会发现，上面的磁铁是悬浮在半空中的。

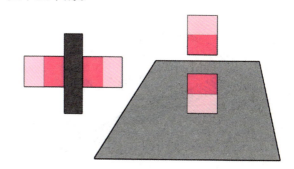

133.天平上的金属条

在大托盘的机械天平中，有一个可以移动的薄薄的金属条在两块磁铁中间摆放着。你知道这块金属条是做什么用的吗？

需要准备的工具和材料：小木棒、细绳、三脚架、橡皮泥、条形磁铁、小铜片、小钢片、锥子、秒表。

操作步骤：①用锥子在小木棒的一端钻一个小孔，将绳子从孔中穿过，并系在三脚架上。②把磁铁放在小木棒的下面，且让木棒与磁铁之间有2~3厘米的距离。再用橡皮泥把小铜片粘在小木棍的下端。③把小木棍拉到一定的高度，然后松开木棍，同时用秒表立刻计时。换成小钢片，重复实验。最后你会发现，粘着铜片的木棒停下得快一些。

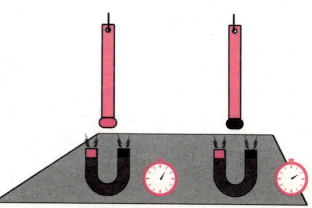

134.自制电磁铁

我们都知道，电磁铁可以将电能转换为磁能。下面，我们就来试着制作一个电磁铁吧！

需要准备的工具和材料：铁钉、铜线、导线、电池、曲别针。

操作步骤：①将铜线在铁钉上紧紧缠绕30圈，铜线的两端各留出约5厘米的地方。②把两根导线分别固定在铁钉的两端，将两根导线连接在电池上。③拿起铁钉，靠近曲别针，曲别针就会被吸起来。再将电源断开，曲别针马上就会掉落下来。

小朋友，你知道曲别针为什么会掉下来吗？

135.漂亮的电火花

我们看演唱会的时候，一到高潮阶段，美丽的大舞台前都会喷发出漂亮的电火花，以烘托气氛。你想不想知道，电火花是怎么制作出来的呢？下面就来教你制作电火花的方法。

需要准备的工具和材料：玻璃板、电线、铅笔芯、1节9伏的电池。

操作步骤：①将几根铅笔芯研成细细的碳粉，将细碳粉铺在玻璃板上，铺成长而窄的长条状。②把电池的一端和细碳粉的一端用一根电线相连。③关闭光源，用另外一根电线连通电池和细碳粉的另一端，此时，细碳粉间就会产生一些跳跃的电火花。如果没有产生火花，那就有可能是电压太低，这时，就要靠增加电压来完成。

通过这个方法，你知道制作电火花的原理了吗？

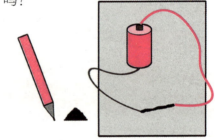

136.磁铁变废铁

我们都知道，磁铁是具有磁性的，但是，如果做一些简单的处理，磁铁就会立刻失去磁性，你知道要对磁铁做怎样的处理吗？

需要准备的工具和材料：条形磁铁、蜡烛、火柴、大头针、夹子。

操作步骤：①用火柴把蜡烛点燃，然后用夹子夹起磁铁，在烛火上烧。5分钟后，取下磁铁，放在一边，让磁铁自然冷却。②冷却20分钟后，用磁铁去吸桌子上的大头针。结果你会发现，磁铁竟然连一根大头针都吸不上来了。

小朋友，你知道这其中的奥秘吗？

137. 美丽的喷泉

从水龙头流出来的自来水，可以瞬间就变成一股漂亮的喷泉，你相信吗？下面我们来试验一下。

需要准备的工具和材料：直径为10厘米而高为5厘米的铝环、铝盆、尖嘴玻璃管、铁架台、塑料夹、感应起电机、自来水龙头、橡皮管、绝缘塑料板、导线。

操作步骤：①把尖嘴玻璃管用塑料夹固定在铁架台上，尖嘴向下。②用塑料夹将铝环固定在铁架台上，使玻璃管的尖端正好位于铝环上端的正中央。然后在铝环下约10厘米的地方放一个铝盆，铝盆下面垫一块塑料板。③用导线将铝环和感应起电机的正极相连，把铝盆同感应起电机的负极相连。启动感应起电机，打开水龙头，这时你会发现，水流在下落时，会向上散开，变成一个倒着的喷泉。

138. 调皮的梳子

平时，我们在梳头发的时候，会听到头发发出噼噼啪啪的声音，这是梳子与头发摩擦而引起的放电现象。利用这一现象，我们就可以让梳子和硬币一起做游戏了。

需要准备的工具和材料：塑料梳子、硬币、玻璃板。

操作步骤：①把1枚1角的硬币竖立在平滑的玻璃板上，拿一把梳子在头发上梳几下，凑近竖立着的硬币的侧面，硬币会因为梳子的吸引而倒下。②将1枚1角的硬币竖立在玻璃板上，再用带电的塑料梳子从上方靠近它，这时你会发现，硬币是静止不动的。③用带电的梳子去吸引硬币的边缘，反复几次，可以让硬币跟着梳子慢慢地转身，甚至还能前后滚动。

怎么样，是不是很神奇？小朋友，你知道这是怎么回事吗？

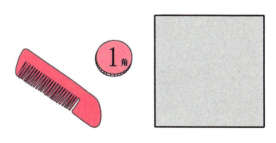

参考答案

110.哑巴收音机

收音机被金属物体完全包裹住时，外界传来的电磁波会被金属完全吸收。收音机收不到信号，当然就没有声音了，这就叫作金属物体对电磁波的屏蔽作用。

111.自制迷你麦克风

铅笔的笔芯是由石墨制成的。石墨可以导电。当你对着火柴盒讲话，火柴盒的底部就会发生振动，因为改变了笔芯间的压力，电流也就会发生变化，变化的电流在耳机中再转化为同样的振动。因此，耳机里能听到你讲话的声音。

112.粘在手上的吸管

塑料吸管和报纸摩擦后，吸管上就带上了大量的负电荷。再加上吸管的绝缘性较好，电荷不易流失，所以可以粘在手掌上。

113.分开混合物

塑料汤勺在毛布料上摩擦后，带有电荷，产生了微小的吸引力。胡椒面要比盐的重量小，所以会被吸起来。但是，不要把汤勺放得太低，否则，盐粒也会被吸起来。

114.调皮的磁场

电流通过的导线的周围产生磁力线。在弧形线的一侧产生磁性北极，另一侧产生磁性南极。改变电流的方向后，即两极改变位置。指南针的磁性指针将与磁力线的方向一致。

115.会跳舞的小纸人

当尼龙布摩擦玻璃时，玻璃上的电子由于摩擦的缘故就跑到了尼龙布上，尼龙布就带上了负电荷，由于玻璃失去了一些电子，它的正负电荷就失去了平衡，多余的正电荷就使玻璃板带上了正电。

纸巾做的小人中的原子的正负电荷是平衡的，因此小人是中性的。这就使得这些小纸人被吸向带有电荷的玻璃上，当它们接触到玻璃后，马上失去一些电子，这样，小纸人就带上了正电荷，马上又会被玻璃排斥，小人离开玻璃后，又从空气中获得了电子，它们就又被吸向了玻璃。只要玻璃板一直带电，小人就会在桌面与玻璃板之间，不停地翩翩起舞。

116.电流与磁场的关系

接通电源后，螺旋状的同心圆会出现，而断开电源后，敲打硬纸板，同心圆就消失了。由此可以证明，电流周围的确是存在磁场的，而且磁力线的排列是以同心圆的形式绕着导体分布的，而磁场的方向取决于电流的方向。

117.复印机的工作原理

电视机的屏幕上分布着大量的静电荷，而手指划过的地方的电荷被消除了。当屏幕吸附痱子粉时，你写过的字迹就显现出来了。复印机的工作原理大致也是这样的，复印纸相当于电视机的屏幕，先让它表面按照要复印的文件的样子分布静电荷，再让黑色的碳粉吸附在纸上有静电的位置上。当然，复印机的实际工作原理要比这复杂得多。

118.保险丝的作用

当电流通过导体时，电子与导体的原子碰撞，从而产生热能。良好的导体，比如铜丝，它的电阻小，电流几乎可以不受任何阻碍就能通过，所以产生的热量小。相反，因为铁丝的电阻大，产生的热量多，所以就容易被熔断。

119.西红柿电池

西红柿的汁液是酸性溶液，铜片和锌片插入酸、碱、盐的水溶液中，会发生化学变化。锌比铜活泼，更容易失去电子。锌片失去一部分电子后，就和铜片间产生了电位差，也就是我们通常说的电压。在电压的作用下，电子就由锌片通过导线流向铜片，便会产生微弱的电流。

120.会验电的小球

塑料尺第一次靠近小球的时候，小球没有反应，是因为双方当时都不带电；第二次，塑料尺与头发摩擦带了电，所以正负平衡的小球形成了一个吸引力。小球与塑料尺接触后，带上了塑料尺的电荷，因为带相同电荷的物体是相互排斥的，所以又会迅速地分开。

121.模拟光电池

物质吸收光子并激发自由电子的行为称为光电效应。当光照到金属上时，它的能量可以被金属的电子全部吸收。若电子的动能够大，便可离开金属表面，成为光电子。在实验中，铜片被灯光照射后，电流计的指针发生了偏转，说明确实有电子通过导线。

122.口渴的气球

吹起来的气球与干毛巾摩擦后，毛巾上带有的电粒子会转移到气球上。于是，气球的表面也就布满了电荷。这些电荷越积越多，于是，就把水滴吸附过来，就像是气球口渴了，在喝水一样。

123.地球大磁场

磁铁在钢针上按一个方向摩擦，就会使钢针磁化，成为一个小磁针。由于地球本身是一个巨大的磁场，碗中的小磁针就会发生偏转，静止后，钢针的一端就会指向南，另一端指向北。

124.自制指南针

地球是一个巨大的磁场，其地磁南极在地理北极附近，地磁北极在地理南极附近。指南针受到地球磁场力的作用，所以它的一端指向南，另一端指向北。

125.用醋做电池

玻璃盆内放入醋，是模拟我们平时用的干电池的工作原理。干电池的锌片内含有电解质和带微孔的碳棒，发生化学反应后，就产生了电。玻璃盆中的锌片和铜片就起到了传导和化学反应的作用。去掉金属片，电解质就无法发挥作用，小灯泡也就不能发光了。

126.人体电池

在电解液中，只要放入两种不同的金属，就可以做成电池。唾液本身就是一种电解液，金属勺子和铝箔纸是两种金属。把这两种金属放进嘴里，就组成了电池。只要把用手握着的一端相接触，就等于接通了电池，并使其放电，舌头上受到电流的刺激后，就会感觉到有苦苦的味道。

127.物质的导电性

纯净的水是不导电的，吸管是用塑料材质制成的，也不能导电。而铅笔芯是由石墨制成的，铁制的勺子是金属。石墨和金属都属于导体，可以使电路接通，因此，灯泡可以发出亮光。

128.不分离的小鸭子

因为钢针在钢板上反复摩擦后，它们的身上就带有了磁性，两根钢针互相吸引，所以小鸭子才会一直在一起，不肯分开。

129.判断磁性的强弱

磁铁末端的吸附力是最强的，顶端的吸附力是最弱的。这是由于马蹄形磁铁的南北极是平行的，它的磁场从南极到北极，主要围绕在磁铁的末端部分。因此，末端磁极部分的磁性最强，吸附力最大，而中间和顶端的磁场很小，磁性很弱，吸附力也就较小。

130.电路与磁铁的关系

当曲别针被磁铁吸引后，就产生了磁性。但是，当电流通过金属时，金属变热，当温度达到一定的程度时，曲别针的磁性就会混杂在一起，从而失去磁性，与磁铁分开。

131.简单的磁力图

铁屑能帮助我们画出磁场，这是因为它们正好是沿着磁力线分布的。并且，磁场最强的地方，铁屑分布得就越集中；磁场越弱的地方，铁屑分布得也就越稀疏。

132.磁悬浮原理

透明胶带能阻止磁铁的移动。磁铁悬浮在空中，是因为磁铁具有同性相斥的特性。磁悬浮列车的原理，就是运用了磁铁同性相斥、异性相吸的特性，使磁铁具有抗拒地心引力的能力。

133.天平上的金属条

当金属片在磁铁两极间摆动时，金属片中会形成涡电流。这种电流和磁铁中的电流方向相反，两个磁场相互作用，使金属片减速，然后停止。实验中，因铜比钢的导电性能好，所以粘着铜片的木棒停下得快一些。

134.自制电磁铁

电源接通后，电流通过缠绕着铜线的铁钉时，环形的电流产生了磁场，铁钉变成了一个临时性的磁铁，具有一定的磁性，可以将曲别针吸起来。当电源断开后，电流立刻消失，铁钉的磁性也就随之消失，于是，曲别针就掉了下来。

135.漂亮的电火花

铅笔芯中的细碳粉通上电后，就产生了热量，从而使碳粉产生了"蒸气"，并布满碳粉之间。电流通过碳蒸气产生电弧光，于是，漂亮的电火花就产生了。

136.磁铁变废铁

磁铁之所以具有磁性，是因为磁铁中的铁原子的排列有一定的规则。当磁铁受热后，铁原子的排列规则就被打乱了，因此，也就失去了原有的磁性。

137.美丽的喷泉

当带电体靠近但不接触导体时，导体内部的电荷就会发生移动，这就是静电感应。铝环接着正极，当水流通过铝环时，由于静电感应，它会吸引水中的电子，使水流带电。而铝盆接着电源的负极，负负相斥，所以，水流在下落时会向上散开，成为倒着的喷泉。

138.调皮的梳子

硬币是由铝合金制成的导体，带电的梳

子靠近它时，硬币受到静电感应而带上正电荷，而且异种电荷会相互吸引，所以硬币就被梳子吸引而转动起来。

第六部分　色彩斑斓的光学世界

139.透视毛玻璃

毛玻璃后面的事物是无法被我们直接看到的。但是，有一种方法，可以让我们轻松地透过毛玻璃，看到另一面的事物。你知道用什么方法吗？

需要准备的工具和材料：毛玻璃、透明胶带、剪刀。

操作步骤：①拿出一块毛玻璃，透过毛玻璃，你根本看不见其后面的景象。②用剪刀剪下一块透明胶带，紧紧地贴在毛玻璃上。③现在，你再从贴有透明胶带的地方看一下，你会发现，你可以很清楚地看到毛玻璃后面的事物了。

你知道这是为什么吗？

140.眼睛的特异功能

信封里装有一张漂亮的贺卡，你能不拆开信封就看到贺卡上面写的内容吗？

需要准备的工具和材料：信封、卡片、笔、发胶、胶水。

操作步骤：①在卡片上写上几个字，然后放进信封里，用胶水密封好。②在信封上喷一些发胶，过一会儿，信封就变成透明的了，你就可以清楚地看到里面的字了。③几分钟后，信封又会慢慢恢复原来的样子。

你知道这里面藏着什么奥秘吗？

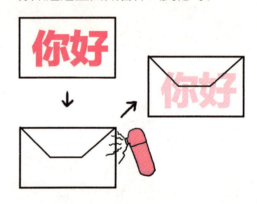

141.自制太阳灶

太阳灶是利用太阳能来烧水做饭的，它是一种节能的环保装置，给我们的生活带来了很多好处。那么，你会做太阳灶吗？下面就教你一个方法，制作简单的太阳灶。

需要准备的工具和材料：反光镜、火柴。

操作步骤：将手电筒中的反光镜放在太阳下面，对准太阳，并让火柴头的位置恰好处于焦点上。过一会儿，就能听见"吱"的一声，火柴被点燃了。如果光线较弱，不易使火柴点燃的话，最好换成黑色头的火柴。

你知道这是利用的什么原理吗？

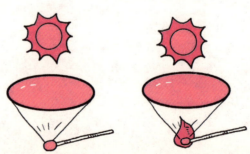

142.针孔穿眼镜

有轻度近视的人在看事物时，一般看不清较远的事物，那该怎么办呢？

需要准备的工具和材料：塑料瓶盖、针、打火机、蜡烛、线。

操作步骤：①找两个直径在30~40毫米的塑料瓶盖。②点燃蜡烛将针烧红，用烧红的针尖在瓶盖的中间戳一个小孔，小孔的直径大约有1毫米。③再在瓶盖的两侧各扎两个小孔，用线穿起来，这样就做成了一副眼镜。④戴上这副眼镜，即使是较远的事物，也能看清楚了。

你知道这是利用的什么原理吗？

143.变色魔球

我们经常在电视上看到一种魔术，就是改变小球的颜色。小球真的会改变颜色吗？还是我们的眼睛欺骗了我们？

需要准备的工具和材料：红、绿、蓝3个颜色的小球，纸盒子，玻璃纸。

操作步骤：①把红、绿、蓝3个小球放进纸盒子里，然后在纸盒子上盖上一层红色的玻璃纸。②透过玻璃纸，我们看到这3个小球的颜色都发生了变化。原本是红、绿、蓝3种颜色的小球，现在却变成了一白两黑3个小球。

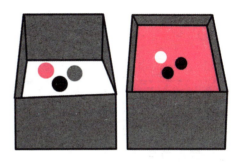

144.海市蜃楼

海市蜃楼是一种罕见的光学现象，在苍茫的大海上或茫茫的沙漠中，有时会出现海市蜃楼的情景。海市蜃楼并不常见，但是，通过下面的游戏，就可以让你看到"蜃楼"的现象。

需要准备的工具和材料：鱼缸、浓盐水、清水、可以漂浮在水中的玩具。

操作步骤：①把一个长方形的鱼缸放在桌子上，先将浓盐水注入鱼缸中，然后慢慢注入清水，动作一定要缓慢。这样，清水就会漂在盐水上了。②把小玩具放在鱼缸的一端，照亮它，然后从鱼缸的对面看，除了在鱼缸的下面能看到玩具外，在顶部也可以看到一个玩具。

你知道这是利用的什么原理吗？

145. 鱼缸里的小泡泡

在有水草和鱼的鱼缸里，我们总会看到一串串的泡泡由鱼缸底部飞到上面，你知道这是怎么回事吗？

需要准备的工具和材料：鱼缸、金鱼、水草。

操作步骤：①往鱼缸里注入适量的水，然后将金鱼放进鱼缸中。②把水草放进鱼缸后，将鱼缸放到有阳光照射的地方。③过一个小时，你就会发现鱼缸里有泡泡冒出。④把水草从鱼缸中拿出，在阳光下放一个小时，你就会发现，鱼缸中不再有泡泡产生了。

 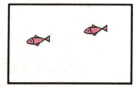

146. 消失的硬币

通过透明的玻璃杯，我们能看见后面的事物。但是在下面的游戏中，我们却看不见玻璃杯下面的硬币，这是为什么呢？

需要准备的工具和材料：玻璃杯、硬币、小碟、水。

操作步骤：①在玻璃杯里装满水，一直注到杯口，然后把杯子放在一枚一元钱的硬币上。②在玻璃杯上面盖一个小碟。奇怪的是，硬币就像消失了一样，我们根本看不见它。

147. 会发光的猫眼

猫的眼睛在夜里会发光，你知道这是为什么吗？

需要准备的工具和材料：手电筒、彩色纸、剪刀、胶带、空易拉罐。

操作步骤：①把彩色纸剪成能盖住易拉罐开口大小的圆形，在圆形的中间剪一个椭圆形的开口。②把易拉罐顶部的盖去掉，用胶带将圆形纸粘在易拉罐的开口处。③在黑暗的房间里，用手电筒射出的光照射在彩色纸的椭圆形开口处，你会看到开口处在发光。

148. 手指变多了

每个人都有5根手指头，但是，通过下面的游戏，你会发现你的手指头变成了六七根，这是为什么呢？

需要准备的工具和材料：电视机。

操作步骤：①在晚上打开电视机，然后把屋子里的灯全部关掉，只剩下电视机发光。②张开手的5根手指头，在电视机的屏幕前快速地晃动，这时，你会发现你的手指变多了，可能是6根，也可能是8根。随着手掌晃动的速度越快，手指的数目也就越多。

149.七彩烛光

蜡烛被点燃后，我们通常看到的火焰是黄色的。那么，你有没有什么办法能让蜡烛的火焰变成彩色的呢？可以依据什么原理呢？

需要准备的工具和材料：蜡烛、火柴、镜子、脸盆、清水。

操作步骤：①用脸盆装一盆清水，放在室内，把镜子放入水盆里。②点燃蜡烛，再将室内的电灯关闭，形成暗室。将点燃的蜡烛握在手中。③调整蜡烛与镜子之间的距离，调整镜子的角度，观察水中镜子里的烛焰。这时你会发现，水中镜子里的烛焰变成了七彩的火苗。

150.头顶的光环

在神话电视剧中，我们经常能看到神仙的头上笼罩着一圈光环。不用羡慕他们，我们的头上也可以看见这样的光环，让我们一起来做个光环的游戏吧。然后你来说说彩色光环是怎样形成的。

需要准备的工具和材料：大镜子、纱布、手电筒。

操作步骤：①站在距离大镜子1米远的地方，用纱布把自己的头蒙上，将手电筒举到和头一样高的位置，将光束照在镜子上。②当你正对着从镜子中反射回来的光束看的时候（注意手电筒不要偏离，否则会影响效果），就会惊奇地发现，你的头上多了几个漂亮的光环。

151.汽车的雾灯

几乎所有汽车的前大灯发出的灯光都是黄色的，你知道这是为什么吗？

需要准备的工具和材料：透明广口瓶、牛奶、水、彩色的玻璃纸（红、橙、黄、绿、蓝、紫等）各一张、手电筒、测光仪、剪刀、筷子。

操作步骤：①将广口瓶洗干净，倒入适量的牛奶和水，用筷子充分搅拌均匀。②将各种颜色的玻璃纸剪成同样的大小，其大小能裹住手电筒的镜头部分即可。③将测光仪、广口瓶、手电筒依次摆放，使它们都在一条直线上。分别用各种颜色的玻璃纸裹住手电筒前端的镜头，打开手电筒，各种颜色的光穿透广口瓶，照射到测光仪上，分别记录测光仪显示出的数字。你就发现，黄色的光穿过时最亮。

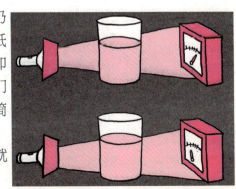

152. 会发光的冰糖

大家在冲糖水时，有的喜欢泡上几块甜甜的冰糖。你知道吗，冰糖除了能吃，还可以发出光呢！下面我们来做个实验证明一下。

需要准备的工具和材料：冰糖、玻璃杯、筷子。

操作步骤：①将100克的冰糖放入玻璃杯中。②将房间内的灯全部关掉，并拉上窗帘。③用筷子搅动冰糖，分别用慢、中、快3种速度搅拌。这时你会发现，搅动的速度越快，看见的光就越亮。

你知道这是为什么吗？

153. 捣乱的杯子

杯子也能捣乱吗？如果不相信，我们就做下面的这个游戏，你会发现，杯子确实在给我们捣乱。这到底是怎么回事呢？

需要准备的工具和材料：玻璃杯、水、桌子、玩具车。

操作步骤：①把玻璃杯装满水放在桌子上。②把玩具车放在玻璃杯的后面，让它从玻璃杯后面从左到右慢慢地开过去，你在玻璃杯前面透过玻璃杯观察玩具车的状态。③你会发现，你看到的玩具车是从右往左开的，和实际的行驶方向是相反的。并且，透明玻璃杯看到的玩具车的样子和真实的样子也不太一样。

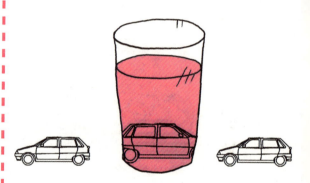

154. 流动的光

光是能流动的。你一定会说，我怎么从来没有见过光流动呢？那就跟我一起来做下面的游戏吧，并请你说说为什么光也会流动。

需要准备的工具和材料：矿泉水瓶、锥子、手电筒、厚卡纸、不透明胶条。

操作步骤：①用锥子在矿泉水瓶瓶盖上戳一个洞，在瓶底也戳一个洞，将瓶底的洞暂时用胶条封住。②向矿泉水瓶中灌水，然后拧紧瓶盖。此时，打开手电筒，照射矿泉水瓶的底部，发现光线可以穿过瓶子。③用厚卡纸把矿泉水瓶与手电筒卷在一起，然后关闭屋内所有的灯光，并去掉瓶底部的胶条，倾斜瓶子，水会从矿泉水瓶里流出来。④打开手电筒，你会看到光线和水一起流淌而出，不会照到其他地方。用手指搅动流出的水，光线也会随水流的弯曲而改变形状。

155. 变幻的陀螺

大家都喜欢玩陀螺。那么，你有没有玩过会变换颜色的陀螺呢？下面就来教你制作一个简单却十分神奇的多彩陀螺。

需要准备的工具和材料：厚卡纸、圆规、剪刀、毛笔、墨汁、竹签。

操作步骤：①在厚卡纸上涂一些墨汁，晾干后用圆规画一个半径为2厘米的圆，并将圆剪下来。②将竹签的一端削尖，并穿过圆纸的中心，然后固定住。③在桌子上捻一下竹签，陀螺就旋转起来了。这时你会发现，原本黑色的纸板上出现了许多同心圆，颜色也不再是单一的黑色，而是彩色的。如果你把陀螺朝相反的方向旋转，又会出现其他的颜色。

小朋友，你知道这是怎么回事吗？

156. 蔚蓝的天空

在晴朗的天空下，天空是蔚蓝色的，非常漂亮。可是，你知道天空为什么是蓝色的吗？

需要准备的工具和材料：玻璃杯、水、牛奶、滴管、玻璃棒、手电筒、黑纸。

操作步骤：①将玻璃杯中注入多半杯水，用滴管吸两滴牛奶，将牛奶滴入玻璃杯中，并用玻璃棒将牛奶搅拌均匀。②拿一只手电筒，用黑纸遮住手电筒的玻璃，在黑纸上戳一个小孔，手电筒的光可以从小孔中射出去。③把手电筒紧紧地贴在玻璃杯的侧面，打开开关，从杯子的另一侧观察，你会发现，乳白色的溶液变成了一片浅蓝色。

157. 变色的黑白圆盘

明明是黑白相间的圆盘，到最后却成了彩色的圆环，这是为什么呢？

需要准备的工具和材料：白纸、硬纸板、彩色笔、剪刀、带橡皮的铅笔、大头针、胶水。

操作步骤：①把硬纸板剪下一个直径为10厘米的圆形，把圆形的一半涂成黑色，白色的那部分分成四等份，在每一部分上画3条不相连的圆弧线。②用剪刀将硬纸板剪出一样大小的圆形，衬在白纸的下面，并用胶水固定住，用大头针从上至下插下去。③将穿过圆心的大头针固定在铅笔的橡皮头上，用手旋转铅笔，圆盘就会跟着旋转，当移动的速度足够快的时候，你会看到白纸上的弧线仿佛连在一起，成为一个圆环，当速度变慢的时候，你会发现圆盘上出现了红色和蓝色两个圆环。

158. 多功能汤勺

我们平时喝汤，要用到汤勺。汤勺不但可以盛美味的食物，还可以用来做凸面镜，还原变了形的物体。

需要准备的工具和材料：汤勺、两张画纸、画笔。

操作步骤：①用画笔在画纸上画一座小房子，然后把汤勺放在面前，你会从汤勺的凹面中看到你刚才画的小房子变了形。②在另一张画纸上把从汤勺上看到的变了形的小房子画下来。③画完后，用汤勺凸的那一面去看新画出来的房子。这时，你会惊奇地发现，画中变了形的房子在凸面中又变回了原来的样子。

159. 不再颠倒的字

我们都知道，从镜子里面看到的像都是反的，但是，通过下面的游戏，我们从镜子里看到的文字就是正面的，不再是颠倒过来的，这是为什么呢？

需要准备的工具和材料：长方形的小镜子、胶布、报纸。

操作步骤：①把两面镜子并齐，用胶布从镜子的背后把它们粘好，就像自由开合的书一样。②把两面镜子立在桌子上，让它们像两堵墙一样相互垂直。③把报纸放在镜子前，观察镜子中的字，你会发现，镜子中的字变成了正面的。

160. 会拐弯的信号

每个电视机都配有一个遥控。我们看电视时，用遥控器对着镜子按频道，电视机就自由换台，这是为什么呢？

需要准备的工具和材料：电视机、遥控器、镜子。

操作步骤：①手拿遥控器，背对着电视机。②让你的朋友拿一面镜子，调整角度，使你刚好能从镜子里看见电视机。③用遥控器对准镜子中的电视机，按动遥控器的频道键，你会看到，电视的频道转换了。

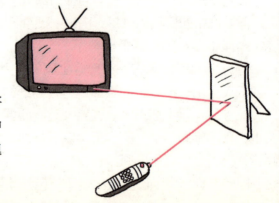

161.失效的放大镜

我们都知道，放大镜能够起到放大的作用。可是，通过下面的游戏，放大镜就失去了这种功能，这究竟是为什么呢？

需要准备的工具和材料：放大镜、水盆、刀。

操作步骤：①将一把刀放在水盆里。②把放大镜浸入水中，观察刀的变化，看它有没有被放大。这时你会发现，放大镜在水里的放大效果在明显减弱。

162.镜子与纸谁更亮

将手电筒的光分别照在镜子和纸上，你认为镜子和纸，哪个会比较亮一些呢？理由是什么？

需要准备的工具和材料：手电筒、镜子、白纸。

操作步骤：在一间黑屋子里，用手电筒照射一面镜子和一张白纸。仔细观察镜子和白纸的亮度，这时，你会发现，镜子变成了黑色的，而白纸要比镜子亮。

163.自制万花筒

大家一定非常喜欢玩万花筒，通过多彩的万花筒，我们可以看见五颜六色的世界。那么，你想不想自己动手制作一个万花筒呢？下面就来教你一个简单的方法，并请你说出制作原理。

需要准备的工具和材料：3块相同的镜片、胶带、半透明的玻璃纸、彩色的塑料包装纸、硬卡片、剪刀。

操作步骤：①用胶带把3块长方形的镜片粘成一个三棱体，镜面朝内。②用半透明的玻璃纸剪一个比三棱体的底面略大的三角形，然后把剪好的半透明玻璃纸用胶带粘在三棱体的底部。③用彩色的塑料包装纸剪成小块，并揉成团，放进三棱体内。④将硬卡纸剪成三角形，并在三角形的中间剪一个小孔，留作观看，将其粘在三棱体的另一端。这样，就做好了一个万花筒。⑤使三棱体的底部对着光亮处，眼睛接近观察孔，轻轻晃动万花筒，就会看到里面有各种美丽的图案在不断地变化。

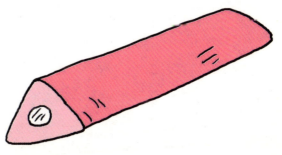

164. 变成3截的铅笔

把铅笔放在水中，因为折射的原理，我们会发现铅笔变成了两截，但是，你见过被折射成3截的铅笔吗？这究竟是怎么回事呢？

需要准备的工具和材料：铅笔、玻璃杯、食盐、水、小勺。

操作步骤：①在玻璃杯中倒入半杯水，加半勺食盐，然后搅动使其溶解。②用小勺将清水沿杯壁一勺一勺地加入到玻璃杯，直到加满。③把一支铅笔插入水中，你会发现，铅笔被折射成了3截。

食盐

参考答案

139.透视毛玻璃

毛玻璃粗糙的表面会把射过来的光线向四面八方散射出去。所以，你看不清毛玻璃背后的景象。而透明胶会把不平坦的玻璃表面填平。这样，光线就能平行穿过毛玻璃，你就能清楚地看到毛玻璃后面的景物了。

140.眼睛的特异功能

信封是由纤维构成的，而纤维之间有很多空隙，通常是不透光的。但是，信封上喷上发胶以后，发胶将空隙填充，形成了光的传播通路。这样，我们就能看到里面的字了。而且，发胶的挥发性非常强，一会儿就能挥发，不会留下任何痕迹。

141.自制太阳灶

反光镜属于凹面镜，凹面镜能把平行光线反射到一个焦点上，使焦点处的火柴头的温度升到燃点以上，火柴自然就被点燃了。用黑色头的火柴，是因为黑色较其他颜色更容易吸收热量。

142.针孔穿眼镜

当光线通过小孔后，会在小孔后面较近的地方重新形成一个像，就像景物被拉近了一样，因此，近视眼也一样可以看清稍远地方的事物。

143.变色魔球

红色、蓝色和绿色因为透过红色过滤纸，而使我们的视觉感发生了改变，当白色的光投射到红色的过滤膜上时，过滤膜反射了光谱中的一部分红色光，而吸收了其他的光。所以，当我们透过红色的过滤膜向盒子里看时，所看到的就是红光。而另一部分红光投射到红色的小球上时，大部分被反射回来，我们眼中的小球就变成了白色的。当红色的光投射到蓝色和绿色的小球上时，几乎没有什么光被反射回来，红色的光全部被吸收，所以小球看上去自然就变成了黑色的。

144.海市蜃楼

海市蜃楼是在光线的作用下产生的幻景。当光线从热空气层射到冷空气的分界面上时，会发生折射现象；反过来也是这样的。热空气就像一面镜子，能使光线拐弯，这一幻景就是这样形成的。光线在浓盐水和清水的分界面上也会发生折射，所以就会模拟出海市蜃楼的现象。

145.鱼缸里的小泡泡

鱼缸在阳光的照射下会产生泡泡，是因为有鱼的存在。在阳光的照射下，水草要进行光合作用，吸进二氧化碳和水，放出氧气。所以，那些漂亮的小泡泡其实是水草放出的氧气。

146.消失的硬币

我们看不见硬币，是因为硬币被碟子挡住了。光线从一个透明物体进入到另一个透明物体时，会发生折射现象，这就使硬币所成的图像的位置往上移了。水杯上面放上一个碟子，硬币的图像反射到碟子上了，使我们无法看到杯子底下的硬币。当我们拿掉碟子的时候，硬币就会重新出现在眼前。注意，在做这个游戏时，玻璃杯的杯底不能太厚，否则就容易看见杯子底下的硬币了，从而影响游戏的效果。

147.会发光的猫眼

猫的眼睛里有一层特殊的反光膜。反光

膜能将光进行反射，而且能够在光线较弱的时候使瞳孔放大，增强反射光线。因此在黑暗中猫依旧能够看清物体。

148.手指变多了

电视机的屏幕和日光灯发出的光其实是闪烁着的光，电视屏幕在一秒中要闪烁50次，也就是一亮一暗有50次；日光灯则在一秒内闪烁100次。平时，我们在日光灯下看书或其他静止的物体时，并没有闪烁的感觉，这是因为人的眼睛有视觉暂留，我们看到的东西会在眼睛的视网膜上保留0.1秒左右。在日光灯灭了的一瞬间，我们的视网膜上依然保留着眼前亮着时的痕迹，灯亮后，被看见的东西还在同一个地方，所以我们不会感到灯光的闪烁。

149.七彩烛光

白色的光是由赤、橙、黄、绿、蓝、靛、紫7种颜色的光混合而成的，当白光照射到水中时，各种颜色的光发生折射，由于它们在水中的折射的角度不同，7种颜色的光就分散开来，照在水中的平面镜上，再经过平面镜的反射，我们就可以看到七彩的烛光了。

150.头顶的光环

光不但具有反射的特点，而且遇到微小的障碍物（比如实验中的纱布的丝）后，还会发生绕射。不同颜色的光由于波长不同，在发生绕射时，弯曲的程度也不同，所以就会形成彩色的光环。

151.汽车的雾灯

光穿过浓雾时，会发生"散射"现象。光波越长越不易被散射，在所有的可见光中，红色的光波和黄色的光波最长。因此，汽车用黄色灯和红色灯作为前后车灯。

152.会发光的冰糖

搅动冰糖时，冰糖会马上发出光，而且伴随着搅动速度的加快，光也就越亮。这是因为冰糖在重击下破裂或破碎时，其表面会产生不稳定的高能分子，这些分子会不停地变化，最后回到正常状态，因此，冰糖会发出光来。

153.捣乱的杯子

这是由于光线折射的缘故造成的。因为盛满水的透明玻璃杯就像是一面凸透镜，光线通过它之后，除了经过中心的光线不改变方向以外，其他光线的方向都发生了改变。因此，你透过杯子看到的小汽车的运动方向也发生改变，变成了相反的方向。

154.流动的光

光线是沿直线传播的，在这个游戏中，射入水中的光线在到达水流与空气交界的地方时，会被反射回来。所以光线就会随着水流不停地反射，而不会跑到空气中。

155.变幻的陀螺

纸板的平面其实是不平整的，上面布满了很多小孔。小孔中不是黑色的，仍然是白色的。这样，光通过小孔反射出的白光在旋转的过程中，被分解成了彩色的光。因此，我们看见旋转的陀螺呈现出来的颜色是彩色的。

156.蔚蓝的天空

介质中的微粒能够无规则地散射光，而且频率越高的光线，被散射得也就越厉害。红光的频率较低，蓝光的频率较高。因此，杯中的液体会变成浅蓝色的，天空呈现出蓝色，也是同样的道理。

157.变色的黑白圆盘

圆弧形连成圆环的原因是因为视觉的残留效应，当前一段的弧线消失的时候，眼睛在短时间内还能看见它，并与随后而至的弧线连接在一起。彩色圆环的出现是因为我们的眼睛只能记住色谱中波长较短的蓝光和波长最长的红光。最短的紫光因为太弱而很难被记住。因此，我们就看到了蓝色和红色的圆环。

158.多功能汤勺

物体发出的光线在凸面镜上发生散反射，在镜子的后面会聚成一个虚像，这个像要比实际的小，像是被压缩了一样。当你把平面镜向后弯曲的时候，镜中的像也跟着被压缩了；镜面弯曲得越厉害，像就被压缩得越小，所以，从凸面镜中观察的范围也就越大。

159.不再颠倒的字

我们从镜子中看到的影像是经过两面镜子先后反射所形成的。每面镜子都把影像颠倒了一次，经过两次反射，影像也被颠倒了两次，所以我们看到的字就是正面的了。

160.会拐弯的信号

遥控器发出的信号是红外线信号，红外线信号经镜子反射后被电视机捕捉到，电视机就会接受命令，从而轻松地转换频道了。

161.失效的放大镜

放大镜的放大作用与玻璃的曲率和光在空气与玻璃中传播的速度差有关。而水和玻璃中的光速没有空气和玻璃中的大，所以放大镜不能很好地放大图像。

162.镜子与纸谁更亮

光滑的镜子能有规则地反射光线，一束光线遇到镜面以后，虽然改变了前进的方向，但是它们在新的运动方向上仍然是整齐地前进的。如果你的眼睛不在这个方向上，那么镜子的反射光就一点儿也不会进入你的眼睛里，所以镜面看上去是黑色的。只有把镜面转到某一个角度，使它反射的光正好进入你的眼睛的时候，你才能看见耀眼的光芒。当一束光线照在白纸上，虽然对于每一条光线来说，光的反射定律都是适用的，但是由于纸的表面凹凸不平，光束就被反射到不同的方向去，这就叫作漫反射。正是借助漫反射光线，我们才能在任何方向上都能看见被照亮的物体，观察到它们的颜色和细节，并且把这些物体和周围其他物体区分开。

163.自制万花筒

光线透过半透明的玻璃纸，照在彩色的包装纸团上，万花筒里面的镜子把彩色纸团上的光线多次反射，这样就形成了美丽的图案。每晃动一下，彩色包装纸揉成的纸团就会改变位置，镜子就会反射出不同的图案。

164.变成3截的铅笔

光线由空气进入水中时，会被折射出一个固定的角度；而在盐水中，光线的折射角会更大一些，因为光在盐水中比在清水中的透光密度大，所以会看到变成3截的铅笔。

第七部分　声音与振动的秘密

165. 自制电话机

隔着墙也能随意聊天，就像是打电话一样，你相信这是真的吗？那么我们应该怎么做呢？

需要准备的工具和材料：易拉罐、锥子、细绳、开罐器。

操作步骤：①把两个易拉罐开口部分用开罐器去除，在罐底部各钻一个小孔，小孔的大小在能让细绳穿过的前提下越小越好。②取细绳穿过底部的小孔将两个易拉罐连接在一起（细绳两端分别打上结，要大于孔眼，以免细绳被拉出罐外），细绳的长度取决于你和朋友之间的距离。③现在你和你的朋友一人拿一个易拉罐，拉直细绳就可以进行对话了。

但要注意，讲话的时候要靠近易拉罐，细绳不要碰到其他东西，否则声音可能被细绳传播到别的地方去。

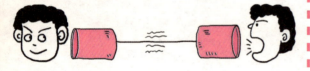

166. 自制听诊器

医生在给病人做检查时会用到听诊器，你知道听诊器有什么作用吗？

需要准备的工具和材料：硬纸片、剪刀。

操作步骤：①用剪刀将硬纸片剪成长约20厘米、宽约10厘米的长方形，然后卷成一个上小下大且中空的圆台体，将连接处密封好，两端裁齐。②按圆台体两底面的口径大小，用硬纸片剪裁出两个圆环，内环相同，外环一大一小。③将两个圆环分别与圆台体的两端相接，将所有相连的部分密封好，这样，听诊器就做好了。④把做好的听诊器的一端放在小伙伴的胸口上，一端放在自己的耳边，你就能听到小伙伴的心跳声了。

167. 自制笛子

笛子吹奏出来的声音悦耳轻扬，引人入胜。你知道一支小小的笛子是怎样发出声音来的吗？下面，我们来学着做一支笛子，并请你说出它的发声原理。

需要准备的工具和材料：竹管、软木塞、手钻、砂纸、胶水。

操作步骤：①将一个小软木塞打磨成竹管内径的大小，能够刚好塞住竹管。②用手钻在竹管的一侧钻一个小圆孔。用胶水封住软木塞与竹管的缝隙。③第一个圆孔就是笛子的吹孔。继续在竹管上依次钻孔，每钻一个孔，都可以在吹孔中试音。笛音是否准确，取决于小孔的直径大小是否恰当，可以一边试吹，一边用砂纸打磨矫正孔洞，直到正确为止。④吹奏笛子时，松开按住笛孔的手指，就能够演奏出不同的音阶，根据笛孔距离的远近及手指的不同组合变化，便能演奏出奇妙无穷的音乐来。

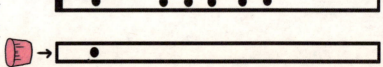

168.吸管风琴

你吹过风琴吗？如果没有的话，那就跟我一起来做一个简单的、用吸管制作的风琴吧。

需要准备的工具和材料：7根长度相同的吸管、尺子、笔、透明胶带、剪刀。

操作步骤：①在吸管的一端量出2.5厘米的长度做出标记，将2.5厘米的吸管剪下。②重复步骤①，比照剪去2.5厘米的吸管再剪去2.5厘米，一共剪出7根不同长度的吸管。③将吸管从长到短排列，将一端对齐。再用胶带将它们粘到一起。这样，一个简单的吸管风琴就做好了。

小朋友，你知道这个风琴的制作原理是什么吗？

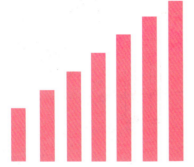

169.隐藏噪音

如果把小闹钟放在盖紧盖的铁盒、纸盒、木盒、玻璃钟罩和又厚又重的铁桶中，小闹钟的声音会越来越小；如果不把小闹钟放进盒子，而是给它罩一个大钟罩，虽然被罩住了，但钟的响声还是会通过桌面传出来。这是为什么呢？

需要准备的工具和材料：棉絮、小闹钟、纸盒、铁桶。

操作步骤：先在桌面上放一块棉絮，把小闹钟放在棉絮上，外边再扣上一个纸盒和一个铁桶。这时你会发现，闹钟的声音几乎听不到了。把小闹钟用铁桶盖起来的方法叫隔声。工程上常用的是隔声间和隔声罩。

170.摆的等时性

意大利科学家伽利略曾发现，吊灯来回摆动一次所需的时间几乎是相等的，这就是摆的等时性。现在，我们通过一个游戏来说明它的原理。

需要准备的工具和材料：大金属螺母、细绳、剪刀、秒表、椅子。

操作步骤：①将细绳系在金属螺母上，作为摆。②背对背在地上放两把椅子，在椅子间拉一根长绳。然后将系着螺母的绳子绑在这根绳子上面。③将螺母拉向一侧，松开螺母后开始计时，摆动1分钟，记下摆动次数。④在绳子上多加一个螺母，长度不变，重复步骤③。⑤只系一个螺母，然后把绳子缩短，再次重复步骤③。⑥结果你会发现，③与④的次数相同，而⑤要比前面两个快。

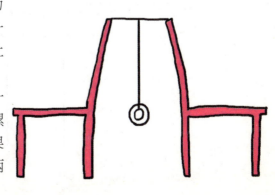

171.有预兆的声音

一些物体在发生变形之前，都是有声音传出来的，如果我们仔细聆听，就能避免一些事故的发生。换句话说，声音是有预兆的，我们做个游戏来说明这一点吧。

需要准备的工具和材料：细树枝、铁盒子、锡条。

操作步骤：①用力折细树枝，当它快要断裂时，仔细听它发出的声音。②把薄皮铁盒子贴到耳边，用手压盒盖，盒盖被压下去了，与此同时，耳朵也听到了声响。③拿一块不太厚的锡片，用双手反复地弯曲它，就会听到它发出"嗤嗤"的声音。

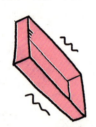

172.打灭蜡烛的炮筒

通常，我们都是用嘴吹灭蜡烛，但在下面的游戏中我们要打灭蜡烛。

需要准备的工具材料：纸板圆柱筒、蜡烛、火柴。

操作步骤：①找一个两头封闭的纸板圆柱筒，在一端的盖子中间，剪出一个直径大约两厘米的圆孔，做成一个简易的大炮模型。②在距大炮一米远的地方放一只点燃的蜡烛，把纸筒对着蜡烛瞄准好，用手在纸筒的底部轻轻拍一两下，你就会看到烛焰被打灭了。

这究竟是为什么呢？

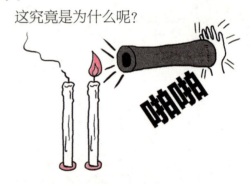

173.铜钱钟摆

绑在筷子上的3个铜钱钟摆，你想让哪个钟摆动，哪个就会摆动起来，与此同时，其他两个仍旧静止不动，你能做到吗？

需要准备的工具和材料：3枚大小相同的铜钱、细线、筷子。

操作步骤：①准备3枚铜钱，分别绑上3根不同长度的细线。②把系好的铜钱按照长、中、短的顺序，把线的另一端绑在筷子上，然后让小伙伴来决定哪个铜钱摆动。③当小伙伴选中后，对那个铜钱所在的位置施加力量，那枚铜钱就会摆动起来了。

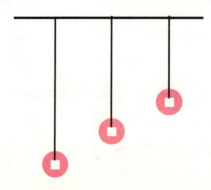

174. 用手指把蜡烛弹灭

用手指能弹灭远处的蜡烛吗？你一定会说这是不可能的，我们又没练过弹指神功。但是，在下面的游戏中，蜡烛确实被手指弹灭了。为什么呢？

需要准备的工具和材料：气球、硬纸筒、剪刀、蜡烛、火柴。

操作步骤：①从一只大气球上剪下两个圆片，将它们绷紧，绑在硬纸筒的两端，并在一端的圆片中央用剪刀小心地扎一个小孔。②点燃一支蜡烛。③拿起硬纸筒，让小孔靠近并对准火焰。用手指敲击硬纸筒的另一端，这时会发出阵阵的响声，只需要几下，就能将火焰弹灭了。

175. 变小了的声音

相同的铃铛，在同一个瓶子里所发出的声音竟然大小不同，这是为什么呢？

需要准备的工具和材料：小铃铛、广口瓶、铁丝、长纸条、橡皮泥、火柴。

操作步骤：①在广口瓶的瓶盖上打一个孔，穿过铁丝，在铁丝上拴两个小铃铛，用橡皮泥封好空隙。②将广口瓶盖上盖子，使两个小铃铛挂在瓶子中。摇一下，就能听到小铃铛发出的清脆声音。③打开盖子，用火柴点燃一些稍长一点的纸条，然后马上投到瓶子中去，并迅速盖上盖子。④待瓶子中的火熄灭后，再摇铃铛，你就会发现，小铃铛发出的声音变小了很多。

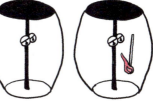

176. 用声音灭火

如果起火了，我们第一时间就会想到用灭火器来灭火，除此之外，你有没有听说过用声音来灭火呢？

需要准备的工具和材料：两个铁锅、两个铁架台、光具座、蜡烛、发令枪。

操作步骤：①把铁锅分别装在铁架台上，使两个锅处于同一个高度。②在两只锅之间放一个光具座，在光具座上放4~5个支座，调节各支座之间的距离，并保证第一个支座在焦点上。③在各支座上分别放一根蜡烛，并调节其烛焰的高度，使烛焰的中心与焦点在同一高度。④点燃蜡烛，将发令枪放在一只锅的焦点上，使枪口对准锅底。随着枪"啪"的一声响，第一根蜡烛便熄灭了。

要注意的是，发令枪应放在锅的焦点处；各蜡烛的火焰的中心应与锅的焦点在同一高度；第一根蜡烛的火焰中心在其中一只锅的焦点上。

177. 耳廓的作用

耳朵暴露在外面的部分叫耳廓，人和大多数动物一样，都长有耳廓。你知道耳廓有什么用处吗？

需要准备的工具和材料：硬纸、透明胶带、剪刀。

操作步骤：①用硬纸剪一个直径为15厘米的圆形，对折，将圆形一分为二。把其中的一个半圆纸片卷成一个圆锥体，并用胶带粘住。再将尖头的一端剪掉一点，做成一个喇叭形状。②让小伙伴在10米远的地方跟你小声说话，你会发现，虽然能听见声音，但还是听不太清楚。这时把做好的喇叭小口对准耳朵，把大口对准声源，再让小伙伴对你小声说话，你会发现，你能听清小伙伴在说什么了。

你知道这是怎么回事吗？

178. 蜘蛛的感应能力

我们都知道，蜘蛛是靠编出来的网捕食的，当有虫子触到网时，蜘蛛就能感觉到，从而伺机捕杀。那么，为什么蜘蛛的感应能力这么强呢？你知道吗？

需要准备的工具和材料：面包圈、盘子、细线。

操作步骤：①把细线系在面包圈上，然后把面包圈放在盘子里。②让小伙伴拉紧细线，走出一段距离后，你轻轻地挪动一下盘子，小伙伴就能立刻感觉到细线在颤动。

179. 声音的传播

声音在气体、固体、液体中都能传播。在气体和固体中，我们都能清晰地听见声音，那么，在液体中能清晰地听到声音吗？为什么？

需要准备的工具和材料：两只气球、细线。

操作步骤：①将第一只气球吹大，用细线将吹气口扎紧，放到一边备用。②把另一只气球的吹气口套在水龙头口上，慢慢注入自来水。当该气球与第一只气球差不多大小时，停止注水，也用细线小心地将口扎好。③将两只气球平放在桌子上，用手指轻轻叩响桌面，把耳朵依次贴在两只气球上听声音。你会发现，盛水的气球能传出更清晰的声音。

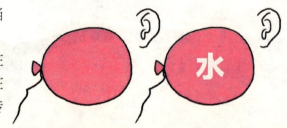

180.声音的产生

在我们的生活中，随时都能听到各种各样的声音。你知道声音是怎样产生的吗？

需要准备的工具和材料：硬卷筒、蜡纸、胶带。

操作步骤：①用蜡纸将卷筒的一端封起来，用胶带粘紧，对着卷筒的另一端说话。②将一根手指轻轻地按在蜡纸上，你会感到蜡纸在振动，而声音听起来比平时大。

181.玻璃杯演奏曲

你一定见过不少乐器吧，但你见过把玻璃杯作为乐器来弹奏音乐的吗？这种"音乐"产生的原理是什么呢？

需要准备的工具的材料：薄壁葡萄酒杯、肥皂。

操作步骤：①将两个薄壁葡萄酒杯并排摆放在桌子上。②用肥皂把手洗干净，再用潮湿的食指顺着一个杯沿缓缓地摩擦运动，你就能听到一种响亮的声音了。

182.发声的酸奶杯

你见过会发声的酸奶杯吗？下面我们就来做一个这样的游戏吧！

需要准备的工具和材料：空酸奶杯、细线、半根火柴、蜡烛。

操作步骤：①在空酸奶杯的杯底穿一个孔、把一段线穿进去，然后在里面用半根火柴横着把它固定住。②在线上抹上烛蜡，然后用拇指和食指去摩擦它，酸奶杯就会发出吱嘎吱嘎和嗡嗡的响声。

这是为什么呢？

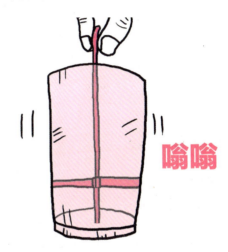

嗡嗡

参考答案

165.自制电话机

声音在固体中的传播速度很快，当你对着易拉罐讲话的时候，声音经易拉罐传递到细绳上去（此时，你触摸细绳，就会感觉到有轻微的振动），再沿着细绳朝前传播，最后到达另一端的易拉罐，传到朋友的耳朵里。

166.自制听诊器

人体内部器官发出的声波扩散开来后，就变得非常小。因此，即使你站在旁边，也没有办法听到别人的心跳。而圆台体的作用是把这些声波的一部分汇集起来，然后沿着声筒朝前运动，所以，你能听到心跳声。

167.自制笛子

笛子发声的原理叫作边棱效应，即流动的空气柱被笛子吹孔边缘的棱角强制切成两路，一路流入笛子内部，另一路流向笛子的外部。空气被强制分成两路而产生摩擦音，就是笛子的发声原理。

168.吸管风琴

吹奏吸管风琴时，嘴里的气流会振动敞口吸管中的空气，产生驻波。因此，吸管越长，产生的驻波就会越长，波的频率越低，发出的音调也就越低；反之，吸管越短，驻波也就越短，波的频率也就越高，音调也就越高。

169.隐藏噪音

有了空气层，就会提高隔声性能，这是因为声波传到第一层壁时，先要引起第一层的振动，这个振动被空气层减弱后再传到外层壁上，声音的能量就小多了。再经过外层壁的阻挡，传出的声音就很小了。

噪声是可以通过墙、楼板、地板等固体向外传播的。机器产生的振动传递给固体，通过它们传到邻近的房间，甚至可以传到相当远的地方。游戏证明，如果在机器和固体之间放上具有弹性的物体，能把它传出的噪声"罩"住。这种技术就叫隔振。工程上常用橡皮、软木、沥毛毡等材料隔振，也可以用各种弹簧来隔振。

170.摆的等时性

摆的摆长越长，它的摆周期也就越长，而摆幅和摆锤的重复不会影响摆的周期，这就叫作摆的等时性。在实验中，改变摆的重量，不会影响到摆的周期。但是，摆绳的长短会影响摆的周期。缩短摆绳后，摆的运动加快了，周期也就缩短了。

171.有预兆的声音

当物体的结构遭到破坏或即将崩溃时，会发出一些声响，熟悉这些现象，就能尽量避免事故的发生。

172.打灭蜡烛的炮筒

大炮喷出的"音圈"吹灭烛焰，如果你用灯照着烟圈，对着一个黑暗的背景观看这些烟圈，你会看见，每个烟圈上的烟都在迅速地兜着圈子作翻滚。用手指对着纸筒底部一弹，会有这么惊人的作用，喷出的"音圈"能使空气产生这样强的旋转速度和力量，把人吹气吹不到的烛焰一下子吹灭。

173.铜钱钟摆

在这3个铜钱钟摆中，较长的线摆动的周期较长，但是速度慢；较短的线摆动的周期较短，但是速度快。不同频率的作用力能够让相应长度的线摆动，这就是共振现象。

174.用手指把蜡烛弹灭

当物体振动时，会使它周围的空气也发生振动。振动的空气把声波传播开来，当声波敲击你的耳膜时，你就能听到声音了。当你敲打硬纸筒的一端的胶膜时，胶膜发生振动，你听到的声音就是敲击声。这个振动沿着硬纸筒内的空气传播，将空气从小孔中挤出，从而吹灭蜡烛的火焰。

175.变小了的声音

声音的传播是需要介质的，空气是最常见的一种传播介质。我们听到铃铛的声音，是声音通过瓶内的空气以及玻璃瓶传播出来的。将燃烧着的纸条投到瓶子中，瓶中的空气会受热膨胀溢出一部分，同时，燃烧也会消耗掉瓶中的一些氧气，空气变稀，声音的传播就会受到影响，因此，声音必然会变得小很多。

176.用声音灭火

我们知道，平行光通过凹面镜会聚成一点，根据光路可逆，从这点发出的光经凹面镜反射后将平行射出。而声音的传播规律与光类似。

物体的振动产生声音，声音在传播的过程中是以声波的形式进行的。让发令枪在其中一个铁锅的中间发声，声音经锅面反射后平行射出，蜡烛的火焰就会因空气的振动而熄灭。

177.耳廓的作用

人和动物的耳廓是用来聚集声音的。听觉是否灵敏在一定程度上取决于耳廓。喇叭能使你的耳廓加大，所以你在远距离发出声音，对方也能听清。

178.蜘蛛的感应能力

面包圈和盘子是一个整体，当盘子被挪动，盘子上的面包圈就会让细线产生振动，从而被感觉到。蜘蛛就是利用这个原理迅速地感应到有虫子触网了。

179.声音的传播

声音的传播需要介质，在不同的介质中，声音的传播速度和强度是不同的。声音能传到我们的耳朵中，是因为我们周围的空气受到了声波的振动。空气密度小，分子间距离大；而水的密度大，分子间距离小。因此，水传送声波的振动要容易得多。所以，盛水的气球传出的声音更加清晰。

180.声音的产生

声音是由振动产生的。当你对着卷筒口讲话时，由声带振动导致空气发生振动，而空气振动又引发蜡纸的振动，从而产生了声音。

181.玻璃杯演奏曲

手指摩擦玻璃杯，玻璃杯会受到轻微的冲击，开始振动，传到周围的空气中，发出声音。如果你在两个杯子之间的边缘搭一根细铁丝的话，声波还能传递到第二个杯子上，从而发出相同的声音。这是因为两个杯子在受到声波冲击时有同样的振动频率。

182.发声的酸奶杯

烛蜡在手指运动中摩擦，这个压力传递到了杯底，杯底像薄膜一样发生震动，并在空气中产生声波。缓慢摩擦，声波也就缓慢低沉。快速摩擦，声波就会短暂间歇，从而发出高音。

第八部分 热与冷的精彩表现

183. 加热也不会改变的温度

给冰水混合物加热，在水里的冰完全溶化前，水的温度是一直不变的，你知道这是为什么吗？

需要准备的工具和材料：锅、冰水混合物、温度计、燃气灶。

操作步骤：①将冰水混合物放入锅内，用温度计测量一下温度，看一下温度是0℃。②把锅放在燃气灶上，用小火烧一分钟，然后端下锅，搅拌一下冰水，看看温度计显示多少度。如果温度没有上升，再把冰水加热，直到冰块几乎全部融化为止，再测一次温度，你发现温度还是0℃。

184. 烧不开的水

同样是在加热，为什么锅里的水已经烧沸了，玻璃杯中的水却一点动静都没有呢？

需要准备的工具和材料：玻璃杯、锅、燃气灶、水。

操作步骤：①在锅里放入适量的水，把玻璃杯放在锅里，然后在玻璃杯中注满水。②把锅放在燃气灶上加热。过一会儿，锅中的水就开始沸腾了，杯子里的水却没有动静；继续加热，杯子中的水始终没有沸腾。

185. 吹不灭的蜡烛

明明已经把蜡烛吹灭了，但它瞬间又会燃烧起来，这是什么原因呢？难道真的有吹不灭的蜡烛吗？

需要准备的工具和材料：两支蜡烛、火柴。

操作步骤：①点燃两支蜡烛，一手拿一支，左手的蜡烛在上，右手的蜡烛在下，以火焰对火焰，横向握起来。两支蜡烛上下留有4~5厘米的距离。②吹灭下面的那支蜡烛，下面的蜡烛又会重新燃烧起来。吹灭上面的蜡烛，又会发生什么情况呢？

186. 魔力滤网

我们都知道，滤网上有很多的洞眼。但是，蜡烛的火焰能不能穿过滤网燃烧呢？

需要准备的工具和材料：蜡烛、火柴、金属滤网。

操作步骤：点燃蜡烛，把滤网放在烛焰上。虽然滤网上有很多网眼，但是火焰却只能在滤网下面燃烧，而不会穿过滤网燃烧。

小朋友，你知道这是什么原因吗？

187.哪个温度低

在同一水温的两个杯子中，把一块冰沉入其中一个杯子的杯底，另外一块漂浮在另一个杯子的水面上。那么，你认为这两杯水哪个温度会低一些呢？为什么？

需要准备的工具和材料：两块冰、水、两个玻璃杯、温度计、小木棍。

操作步骤：①在两个杯子里倒入等量等温的水。②将两块冰分别放到两个杯子中。用一根小木棍将其中的一块冰压到杯底，让另一块冰浮在水面上。③几分钟后，用温度计测一下水温。你会发现，冰浮在水面上的杯子里的水温比冰沉入杯底的杯子里的水温低。

188.美丽的星星

你试过吗？用手向蜡烛的火焰上方轻轻一挥，就能出现一颗颗美丽的星星，这是什么原因呢？

需要准备的工具和材料：铁屑、铝粉、蜡烛、火柴。

操作步骤：①用一只手握着些铝粉，一只手握着些铁屑。②在挥动手时，把金属粉末轻轻地撒在火焰上，你就发现，一片美丽的星星出现了。

189.着火的手掌

手掌着火了，即使戴着手套也能把手烧焦。但是，不用害怕，在下面的游戏中，即使手掌着火了，也不会被烧伤。

需要准备的工具和材料：线手套、烧杯、酒精、蜡烛、水。

操作步骤：①将线手套用水浸透，把水拧干后戴在手上。②把手伸入盛有酒精溶液的烧杯中浸湿，再伸到蜡烛的火焰上引燃。③为了让大家都看清手指在燃烧，将一张纸放在左手指上方引燃。④当左手感觉到热时，便可用力握拳，迅速挤压搓动手套，因有水渗出，火就被熄灭了。

小朋友，你知道这其中有什么奥秘吗？

水　酒精

190.冻豆腐上的孔

冻豆腐是涮火锅时的美味食品之一，当你吃冻豆腐时，有没有发现冻豆腐上有很多小孔呢？你知道冻豆腐上为什么会有这么多孔吗？

需要准备的工具和材料：新鲜的豆腐、电冰箱。

操作步骤：把新鲜的豆腐放入冰箱冷冻，一天后，新鲜的豆腐就变成了蜂窝状的冻豆腐。

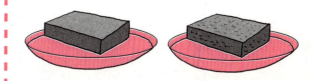

191.太阳能煮鸡蛋

如今，太阳能已经进入了很多家庭中，用太阳能洗澡、做饭、烧水，简单实用，而且方便。下面，我们就做一个利用太阳能煮蛋的实验。并请你说明原理。

需要准备的工具和材料：锡纸、硬纸板、三角形支架、生鸡蛋、固体胶、小铁盒。

操作步骤：①用固体胶将20张边长为18厘米的正方形光滑锡纸分别粘在20张边长为16厘米的硬纸板上，亮面朝外，然后用20个三角形支架支撑起硬纸板，使它们能平稳地放置在地面上。②在小铁盒中加入适量的水。将20块制作好的锡纸架调节好角度，使每一块锡纸架接收的太阳光经过反射后都能最大限度地投射到小铁盒上。③在铁盒中放入鸡蛋，过一段时间后，鸡蛋就被煮熟了。

192.温室效应

温室效应会导致全球变暖、冰川融化、海平面上升，已经危及人类的生存安全了。人们经常谈到温室效应，那么，你知道温室效应到底是怎么回事吗？

需要准备的工具和材料：玻璃杯、冰块、水、塑料袋、橡皮筋。

操作步骤：①在两个相同的玻璃杯中分别倒入一样多的凉水。②在两个杯子里分别放入大小相同的冰块。把其中的一个杯子用塑料袋罩住，用橡皮筋将口扎紧。③然后把两个杯子放在阳光充足的地方。过一会儿，你就会发现用塑料袋罩住的杯子里的冰块融化得快。

193.热水快速变凉的方法

刚从热水壶里倒出的开水很烫，怎样才能将它变凉呢？依据的是什么原理呢？

需要准备的工具和材料：开水、一套玻璃杯。

操作步骤：先将满杯开水注入第二只杯子中，等到杯子不再吸热（玻璃的温度升至与水温相同）时，再将第二只杯子里的水注入第三只杯子。依此类推，最后注入第六只杯子后，开水就不再烫了。

194.不怕火的纸

平时，一遇到明火就会被点燃的纸在下面的游戏中不怕火，这是为什么呢？

需要准备的工具和材料：钢笔、纸、打火机。

操作步骤：①准备一支金属笔杆的钢笔，再裁一条宽约一厘米的薄纸条，将它紧紧缠绕在金属笔杆上，把纸条末端塞进笔杆里。②一手拿住笔杆，一手用打火机从下方烧绕在笔杆上的纸条。奇怪的是，平时，纸条一点就着，现在，火焰把笔杆烧得都烫手了，纸条还是安然无恙地缠在笔杆上。

195.火烧纸杯

干燥的纸杯很容易被火点着，但是，在纸杯中装上水后，纸杯还会被烧着吗？这是为什么呢？

需要准备的工具和材料：纸杯、蜡烛、火柴、水。

操作步骤：①把蜡烛点燃。②用两根竹签穿过纸杯的上半部分，做成把手。③在纸杯中注入半杯水，握住把手，将纸杯的底部置于蜡烛的外焰处，这时，你会发现杯子里的水能被烧开，但是杯子不会被烧着。

196.让水沸腾的冰

要把水烧沸，就必须给水加热，这是常识。但是你知道吗？用冰也可以使水沸腾起来。

需要准备的工具和材料：小锅、盐、碎冰、水、小口玻璃瓶。

操作步骤：①向小锅内倒入适量的水，在水里加盐，并搅拌溶解，放在煤气上加热至沸腾。②在瓶子里装半瓶水，把它浸在沸腾的盐水锅里，等瓶子里的水沸腾了，就把瓶子从锅里取出来，迅速用瓶塞把瓶口塞住。③把瓶子倒过来，等到瓶子里的水不再沸腾，再用沸水浇瓶子的底部，这时水不会再沸腾了。④在瓶底放一些碎冰，你会发现水又沸腾了。这是为什么呢？

197.两杯牛奶

相同的两杯牛奶，为什么热的比冷的冻得还快，这究竟是为什么呢？

需要准备的工具和材料：热牛奶、凉牛奶、电冰箱。

操作步骤：①将凉、热两杯牛奶同时放进电冰箱中。②1个小时后，把两杯牛奶拿出来，发现热牛奶比凉牛奶冻得快。

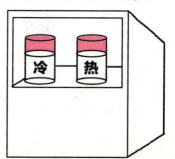

198.瓶里的云雾

远处山峰上飘渺的云雾很迷人，你想不想立刻看见云雾呢？

需要准备的工具和材料：冷水、火柴、带盖的塑料瓶、剪刀、橡皮泥、吸管。

操作步骤：①用剪刀在瓶盖上扎一个洞，把吸管穿过瓶盖并用橡皮泥封好缝隙。②往瓶子中倒入冷水，摇晃瓶子，待瓶子冷却后将水倒出。然后点燃一根火柴，吹灭后把带烟的火柴放在倒立瓶子的瓶口，让烟进入瓶内。注意不要将火柴扔进瓶子中。③迅速拧上瓶盖，通过吸管向瓶中用力吹气8秒后，瓶中就会出现云雾，然后捏住吸管，防止瓶内云雾逸出。

199.破碎的玻璃杯

往玻璃杯里面倒入开水，杯子突然就碎了，你知道这是什么原因吗？

需要准备的工具和材料：玻璃杯、滚烫的开水。

操作步骤：把玻璃杯放在桌子上，把刚烧开的滚烫的热水倒进玻璃杯中，只听"啪"的一声，玻璃杯裂开了。

200.汽水里的气体

喝汽水的时候，我们猛喝下一口，通常会立刻打一个饱嗝，你知道这是为什么吗？

需要准备的工具和材料：汽水、火柴、玻璃杯。

操作步骤：①把刚打开瓶盖的汽水倒入玻璃杯中。②点燃火柴，将点燃的火柴放到玻璃杯上方。你会发现，火柴马上就熄灭了。

201.水中燃烧的蜡烛

水中燃烧的蜡烛，虽然烛火已接近水面，但蜡烛依旧不会熄灭，你知道这是为什么吗？

需要准备的工具和材料：烧杯、蜡烛、火柴、水。

操作步骤：①将蜡烛粘在杯子底部，然后往杯内注水，直到快要淹没蜡烛为止。②点燃蜡烛，过一段时间，我们会发现，火焰将蜡烛烧成了漏斗形，而火却没有熄灭。

202.制作琥珀

琥珀是一种有机的矿物，是数千万年前的树脂被埋藏于地下，经过一定的化学变化后形成的一种树脂化石。下面我们就简单地制作一个琥珀，你能说出制作原理吗？

需要准备的工具和材料：松香、易拉罐、小昆虫、酒精灯、火柴。

操作步骤：①找一只昆虫，把它放在盖子上。②把颜色金黄、质地纯净的松香放进易拉罐内加热，待熔化后停止加热。③等松香不再冒青烟且有些黏稠后，直接倒在盖子上的小昆虫的身上。等松香凝固后，琥珀就完成了。

203.无火也能释放热量

多数物体是经过燃烧后释放热量的，但有的物体没有经过燃烧也能释放热量，这种物体是什么呢？

需要准备的工具和材料：细钢丝绒、玻璃杯、盘子、水。

操作步骤：①我们取一把细钢丝绒塞进一个玻璃杯中，然后用水蘸湿，再把杯子倒放在一个盛有水的盘子里。②过一会儿，你会发现盘子里的水面开始下降，而杯中的水却不断上升。直到一个小时以后，水占据了杯子五分之一的空间。

204.不会融化的冰块

给加了冰块的水加热，但是水中的冰块却始终不会融化，你知道这是什么原因吗？

需要准备的工具和材料：小冰格、水、冰箱、棉线、细铁丝、酒精灯、螺帽。

操作步骤：①在小冰格里盛上水，将一根长10厘米左右的棉线的一端放在水中，把冰格放在冰箱的冷冻室里冻成一小块冰备用。②用一根细铁丝弯成一支试管托架，架在加热用的酒精灯上。③取出小冰块，用拖在冰块上的线系住一只小螺帽；在一根大号试管中盛上容积约为4/5的冷水后，将冰块和小螺帽投入试管中，要让冰块沉入水底而不浮上来。④将试管斜套在酒精灯上的试管托架里，点燃酒精灯，稍待片刻，试管中的水就沸腾了。

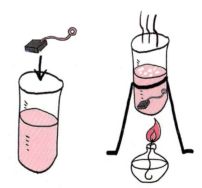

这时，你会发现一个奇怪的现象，虽然上面的水在沸腾，而沉在水底的冰块竟然没有融化。

205. 旋转的纸

用手把纸拢在手心，一会儿，你就会发现手心里的纸旋转起来了，这是什么原因呢？

需要准备的工具和材料：白纸、剪刀、带橡皮擦的铅笔、大头针。

操作步骤：①用剪刀把白纸剪成7.5厘米见方的正方形，依照正方形的两条对角线对折。展开后，纸上就会出现两条交叉的痕迹。②按照折痕，折成一个四面凹的锥体。③坐下来，把带橡皮擦的铅笔夹在两膝盖的中间；把大头针插在橡皮头上，然后再把折好的纸放在大头针上，就是大头针顶着两条对角线的交叉点。④将双手并拢成杯状，拢在纸张的下方，距离大约2.5厘米。一分钟过后，纸就慢慢地旋转起来了，并且越转越快。

206. 净化自来水

从水龙头中流出的水看起来很清澈，但放在玻璃杯中静置一段时间后，杯底就会出现一些沉淀物，那么，怎样才能消除这些沉淀物呢？

需要准备的工具和材料：明矾、自来水、纯净水、干净的试管、试管夹、玻璃杯、酒精灯。

操作步骤：①把明矾放在自来水中搅动几下后取出。将水静置15分钟，产生沉淀后，将上层液体倒入干净的试管中。②用试管夹夹住试管，倾斜45度，点燃酒精灯，将试管加热，直到水沸腾。③将试管内的水完全蒸发后，立即熄灭酒精灯。让试管自然冷却，然后观察试管壁上的痕迹，会发现试管壁上有一些残留的杂质。

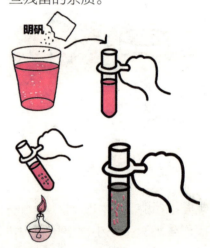

207. 自制热气球

热气球和孔明灯有些相似，其原理是什么呢？下面就让我们自己动手做一个吧。

需要准备的工具和材料：短蜡烛、塑料袋、纸杯、胶带、剪刀、火柴、细线。

操作步骤：①把纸杯在离杯底约一厘米处用剪刀剪开，剪掉上半部分，留下杯底，并把蜡烛固定在杯底中央。②把塑料袋的袋口剪齐，然后用细线分别系在袋口的四端和杯底的四端，并用胶带将其固定住。③点燃蜡烛，把塑料袋轻轻拉起，会发现塑料袋慢慢张开，并缓缓地升起来了。

208.被冷冻的泡泡

大家都吹过肥皂泡泡，肥皂泡泡很漂亮，而且五颜六色的。那么，你知道泡泡还能放在电冰箱里面冷冻吗？为什么会这样呢？

需要准备的工具和材料：肥皂水、碟子、吸管、电冰箱。

操作步骤：①用吸管蘸着肥皂水在表面湿润的盘子上吹起一个肥皂泡泡。②将装有肥皂泡泡的碟子放进冰箱的冷冻室里冷冻。③20分钟后，把碟子取出来，被冷冻的泡泡就做好了，冷冻后的泡泡看起来晶莹剔透，非常好看。

209.用外焰加热

在做实验时，大家都知道要用酒精灯的外焰给物体加热，那么你知道为什么要使用外焰加热吗？

需要准备的工具和材料：蜡烛、火柴。

操作步骤：①点燃蜡烛后，取1根火柴棍横放在火焰下部，3秒后移开火柴棍，会发现火柴棍的两边烧焦了，而中间没有烧坏。②取1根火柴，把火柴放在火焰的上部，会发现整根火柴被迅速烧着。③再取1根火柴，把火柴放在火焰的中间部分，会发现火柴的中间着了，两边没有事。

210.自制孔明灯

孔明灯又叫天灯，相传是由三国时期的诸葛亮发明的。那么，你知道孔明灯为什么能飞上天吗？

需要准备的工具和材料：复印纸、裁纸刀、剪刀、尖嘴钳、棉线、工业酒精、电线、棉花、竹条。

操作步骤：①用裁纸刀将竹条削薄至3毫米以内，然后把竹条弯成一个圈，用棉线将其固定。因为竹子有弹性，所以竹圈可能会不圆，但可以用小火烤一烤，使竹圈固定成圆形。②将薄纸剪成纸片，然后糊成一个两端镂空，直径约60厘米的球状物。再剪一张圆形薄纸片，把上面的圆口糊住。待干后，把气球吹胀，找一条薄而窄的竹条，弯成与下面洞口一样大小的竹圈，在竹圈内交叉两根互相垂直的细铁丝，并系牢在竹圈上，再把竹圈粘牢在下面洞的纸边上，使糊成的气球不漏气。③把3根拧在一起的铜丝绑在竹圈两端，再把做好的灯罩粘在竹圈上。在铜丝上绑上棉花，浸上酒精，点燃后就可以放飞了。

211.放大镜的力量

用放大镜可以把气球弄破，这怎么可能呢？放大镜又没有针尖，也不能用放大镜去砸气球，它是怎样将气球弄破的呢？

需要准备的工具和材料：放大镜、气球、细线。

操作步骤：①在天气晴朗的中午，吹起一个气球，用细线系好，固定在阳光下的一个物体上。②用放大镜对着太阳，使焦点位于气球表面。不一会儿，气球就会自己爆炸了。

212.线过而冰不断

用一根细线横穿坚硬的冰块，穿过后，冰块竟然没有一丝受损，这是怎么回事呢？

需要准备的工具和材料：冰块、长木板、结实的长细线。

操作步骤：①找一长方形冰块，将它放在长木板上。②用双手拿住细线绳，横切冰块，就像拉锯一样。③一会儿，你就会看到细线在向下移动，切入冰块里面，却没有把冰块切断。直到细线完全横切过冰块，冰块也没有被切断。

213.粘手的冰块

寒冷时节，有时拿在手里的冰块会粘手，冰块上没有什么胶水之类的黏性物质，为什么会粘手呢？聪明的你知道原因吗？

需要准备的工具和材料：水、冰棒模具、冰箱。

操作步骤：①在冰棒模具内加水，然后放入冰箱冷冻一夜。②将冰棒取出，迅速将沾水的手指放在冰棒上。③结果手指被粘住了，要浇温水才能拿下来。

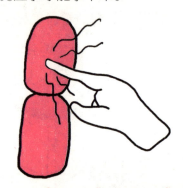

214.用棉线割玻璃

我们都知道，割玻璃时要用玻璃刀，如果没有玻璃刀时，我们该用什么办法来割玻璃呢？

需要准备的工具和材料：长棉线、玻璃、汽油、一大盆冷水、火柴。

操作步骤：①把长棉线浸满汽油，再将棉线放在玻璃要切割的位置上，然后用火柴点燃棉线。②在棉线将要熄灭的时候，把玻璃迅速放进装有冷水的大盆里，只见玻璃立刻就沿着刚才棉线的位置断裂开来。

215.铜丝会灭火

你相信铜丝可以熄灭烛火吗？或许有人不信，但做完下面的游戏，你就会发现这是完全可能的事情。

需要准备的工具和材料：粗铜丝、蜡烛。

操作步骤：①将粗铜丝绕成一个内径比蜡烛直径稍小的线圈，圈与圈之间要有一定的空隙。②点燃蜡烛，将线圈从火焰上罩下去，正好将蜡烛的火焰罩在铜丝内，这时，空气并没有被隔绝，但铜丝圈住的火焰却熄灭了。

为什么会这样呢？

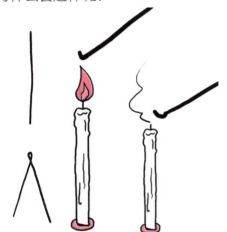

216.哪个最先结冰

水在0℃以下就会结冰，如果在水中分别加入糖和盐，谁最先结冰呢？让我们通过下面的游戏来看一看究竟。

需要准备的工具和材料：蔗糖、食盐、冰箱、勺子、杯子、记号笔、纸、胶水、水。

操作步骤：①在3个杯子里倒入清水。在第一个杯子里加入3勺蔗糖，在杯子上做标记；在第二个杯子里加入3勺食盐，做上标记；第三个杯子里什么也不加，也做好标记。②将3个杯子一起放入冰箱冷冻后，每隔半小时检查一次，结果你会发现，装了清水的杯子最先结冰，其次是糖水，而盐水则很难结冰。

217.自制蒸馏水

我们很多时候会用到蒸馏水，它是不含杂质的液体。下面，我们就来做一个自制蒸馏水的游戏。并请你说出其中的原理。

需要准备的工具和材料：烧杯、晒过的自来水、食盐、酒精灯、铁块、保鲜膜、硬币。

操作步骤：①在两个大小不同的大烧杯中注入1/4~1/3的自来水，加少许盐溶解。②用保鲜膜包一个铁块或其他重物放入小烧杯中，使小烧杯立在大烧杯中。③把保鲜膜盖在大烧杯口上，上面放上一枚硬币，使保鲜膜下沉的最低点对准小烧杯的杯口。④点燃酒精灯，加热大烧杯。⑤当保鲜膜变成雾白色时，往保鲜膜上倒点冷水，蒸馏水就会滴到小烧杯中。⑥小烧杯中收集到一些后，取出来尝一下，结果没有咸味。

218.肥皂也能燃烧

肥皂是洗衣服的好帮手，你绝对想不到它也能燃烧起来。但是，在下面的游戏中肥皂却能够燃烧，这是为什么呢？

需要准备的工具和材料：肥皂、擦菜板、玻璃杯、乙醇、筷子、脸盆、空罐头盒。

操作步骤：①去掉空罐头盒的顶盖，洗净并晾干。用擦菜板将半块左右的肥皂擦成粉末状。②在玻璃杯中放入1/4小杯的肥皂粉末和1小杯的乙醇。③在脸盆中倒入60℃左右的热水，将玻璃杯放入热水中，搅拌，使肥皂溶化。④当乙醇全部溶解肥皂后，将玻璃杯移出脸盆，静置10~20分钟，使其凝固。⑤取一块固体混合物，放在火苗上一点，就燃烧起来，燃烧完成后，只留下极少的灰烬。

219.缺氧的鱼

在炎热的夏季，我们常常会看到池塘中的鱼浮到水面来呼吸；而春天和秋天时，鱼浮上水面的次数明显减少，几乎为零，你知道这是什么原因吗？

需要准备的工具和材料：碳酸饮料、冷水、热水、碗、玻璃杯。

操作步骤：①在两个玻璃杯中分别倒入半杯碳酸饮料。②在两个碗中分别倒入半碗冷水和半碗热水。但要确保杯子放入碗中时，碗中的水不会溢出。③把两个杯子同时分别放在两个碗中，观察两个杯子中的饮料的变化。装有碳酸饮料的杯子放入冷水后，产生较少的气泡，一些气泡上升到了液体表面，还有一些气泡聚集在杯底和杯壁上；而装有碳酸饮料的杯子放入热水后，会产生大量的气泡并迅速上升到液体的表面，并破裂。

参考答案

183.加热也不会改变的温度

只要水里有冰，温度就会一直保持在0℃，这是因为你用来给锅加热的热能并没有消失，而是全部用在融化冰上了，一点也没有用来加热锅里的水。当冰融化完后，再继续加热，热能就会使水温提高了。

184.烧不开的水

想要让水沸腾，必须满足两个条件：一是温度达到沸点；二是要继续加热，即有高于沸点温度的物体传热达到沸点的水。

游戏中，玻璃杯中的水只能达到沸点，却不能再吸热，所以杯中的水在锅内的水没有蒸干前是不会沸腾起来的。

185.吹不灭的蜡烛

当下面的蜡烛被吹灭后，蜡烛芯仍然会释放出一种可燃气体，并且会向上升。当气体遇到上面燃烧着的蜡烛的火焰时，就会被点燃，下面的蜡烛也就重新开始燃烧起来了。当吹灭上面的那支蜡烛后，它放出的可燃气体也会被下面的蜡烛点燃，成为不会被吹灭的蜡烛。

186.魔力滤网

火焰是燃烧着的可燃气体发出的热和光，而金属是热的非常好的导体，能够把火焰中的大量热量很快传送到周围的空气中去。

因此，火焰经过金属网后，没有气体便不能维持燃点（燃料燃烧时所达到的最低温度），也就燃烧不起来。

金属滤网就像是一个隔热器，把燃烧全部限制在滤网下面了。仔细观察，可以看到蜡烛燃烧时冒出的烟，可以自由地从网眼中穿过，但是火焰却被限制在滤网下面了。

187.哪个温度低

冰融化需要吸收热量，冰块附近的水温度低，漂浮在水面上的时候，对流旺盛，因此，水温下降得快；而把冰块压在杯底，受冷的只是杯底的冰块接触的那部分水，水温自然就下降得慢。

188.美丽的星星

握在手里的铁屑和铝粉接触到空气中的氧是可以燃烧的，铝粉燃烧起来是银白色的，铁屑燃烧起来是金黄色的，就好像美丽的星星一样！

189.着火的手掌

这是由于40%的酒精溶液中，乙醇沸点低（78℃），水的沸点高（100℃），燃烧产生的热量消耗在水分的蒸发上。

190.冻豆腐上的孔

豆腐内部有无数的小孔，这些小孔里面充满了水。而水在结成冰后，体积会变大。

当豆腐的温度降到0℃以下时，里面的水分就结成了冰，原来的小孔便被冰撑大了，整块豆腐就被挤压成了网格状。

等到冰融化成水，从豆腐里流出来后，就留下了大量的孔洞。

191.太阳能煮鸡蛋

锡纸能够起到镜子的作用，表面平滑，能够反射太阳光，只要调整好位置，它们就能将太阳光集中起来，给小铁盒加热。锡纸的数量越多，效果就越明显。

192.温室效应

物体在吸收太阳光的同时也在不断地向外辐射，散发出能量。当阳光停止照射，物体向外辐射散热时，扎塑料袋的杯子的热量散不出去，就会发生温室效应。

在这个实验中，塑料袋就是产生温室效应的根本因素。

193.热水快速变凉的方法

当杯子注入开水后，杯子的温度升高，而开水的温度降低。当杯子的温度与水的温度相等时，就停止吸热了。

194.不怕火的纸

干燥的纸达到130℃就会被火点着。打火机的火焰的温度远远超过130℃，纸条点不着，是因为包在里面的金属笔杆在保护它。金属有很好的导热性，又有很好的吸力。当火焰烧在纸条上时，薄薄的纸把大部分热量又传给金属笔杆，只要你的手还捏得住笔杆，纸条就不会被点燃。

195.火烧纸杯

单位质量的某种物质温度升高1℃所吸收的热量称为"比热"。

水的比热很高，它会不断地吸收蜡烛燃烧所散发的热量。纸的着火点在100℃以上，而水的温度几乎不可能超过100℃。

因此，只要纸杯中有水，纸杯就不会被火点着。

196.让水沸腾的冰

水能沸腾，是因为水达到了沸点并继续吸热或水温超过沸点，而水的沸点可因溶解物及气压等因素的改变而改变。游戏中，冰先将瓶壁冷却，然后使瓶内的水蒸气冷凝，导致瓶内气压下降，沸点降低，使水温高于沸点而沸腾。

197.两杯牛奶

液体冷却的快慢不是由平均温度决定的，而是由液体表面与底部的温差决定的。热牛奶冷却时，这种温度差异性较大，而且在降温过程中，热牛奶的温度差一直大于凉牛奶的温度差。牛奶表面的温度越高，从表面散发的热量就越多，因此降温也就越快。

198.瓶里的云雾

用冷水冷却瓶子时，瓶中会留有水蒸气。然后向瓶中吹气，让瓶子内的气压增大。松开吸管后，瓶内的气压下降，因而瓶子中的空气变冷，瓶子中的水蒸气就会附着在烟尘颗粒上，凝结成极小的水滴，在瓶子中形成云雾。

199.破碎的玻璃杯

玻璃杯的破裂是因为热胀冷缩的原理。突然把热水倒入玻璃杯中，玻璃杯的内壁就会迅速膨胀，而玻璃杯的外壁却没有受热，仍然保持着原本的状态。玻璃杯因受到内膨胀力的挤压，破裂了。所以在向杯子里倒热水的时候，先将杯子预热一下是很有必要的。

200.汽水里的气体

火柴燃烧需要氧气，而汽水中所含的二氧化碳不仅不支持燃烧，而且还隔绝了氧气，所以，火柴自然就熄灭了。

201.水中燃烧的蜡烛

蜡烛不会熄灭，是因为蜡烛的外壁与水接触，蜡烛燃烧的热量可以很快地被水传递出去，从而使其外壁不被熔化。

202.制作琥珀

给松香加热后，松香就会由固体变为液体，如同水状，并冒出青烟。当松香冷却后就会变得黏稠，倒在昆虫的身上后，再冷却，松香就变成固体了，一个简单的琥珀就形成了。

203.无火也能释放热量

细钢丝绒蘸湿以后，会与空气中的氧气发生反应开始生锈，人们称这个过程为氧化。在氧化过程中，会释放出一些热量。消耗掉杯子中的氧气后，杯子里的气压降低，杯子外的气压大于里面的气压，所以水会被吸进玻璃杯。

需要注意的是，在做这个游戏的时候不要选择不锈钢钢丝绒，因为这种丝绒不容易被氧化。

204.不会融化的冰块

加热时，火焰对准的是试管的上部，水在加热的过程中，试管上部的水受热膨胀，变得比较轻，从而停留在试管的上部，由于水的"热传率"很小，因此，热量传导到试管底部的速度很慢，所以试管底部的水一直很冷。

也就是说，这块冰并不是热水中的冰，而是热水下的冰。那么，冰块当然不会融化了。

205.旋转的纸

纸旋转的原因是我们的手有温度，提供了热能，它加热了纸附近的空气，空气一旦被加热，发生上升现象，就会带动着纸旋转起来了。

206.净化自来水

明矾加入自来水中，可以和水中的杂质生成氢氧化铝。氢氧化铝的吸附能力很强，可以吸附水里悬浮的杂质，并形成沉淀，澄清水的上层。实验中，经过简单净化的自来水蒸发后，试管壁上残留的物质就是水中的其他杂质。

207.自制热气球

塑料袋会张开是因为点燃后产生的热气流上升的原因。热气球也是由于这个原因而自由升降的。飞行员操纵着热气球的燃气开关，随时调节温度，从而操纵着热气球的上升和下降。

208.被冷冻的泡泡

放在电冰箱里的肥皂泡泡的里面充满了水，所以它在破裂之前就会结冰，所以我们才会看到不会破的冰冻泡泡。

209.用外焰加热

蜡烛的外焰温度最高，这是由空气对流造成的。火焰外部的温度比中心的温度要高，这是由于火焰的外部供氧充足，燃料充分燃烧，而火焰中心的氧气不足，燃烧不充分，所以温度要比外焰低一些。

210.自制孔明灯

酒精棉被点燃后，会产生大量的热气，

从而将薄纸气球顶了起来。同时，气球内的空气受热密度变小，因此会受到空气浮力作用从而飞起来。

需要注意的是，孔明灯必须要在无风的天气和空旷的场地上放，放飞时，要有成年人陪同。另外，可以在孔明灯底部拴上线，这样既可以重复放飞，又能控制起飞的高度和范围，避免引起火灾。

211.放大镜的力量

这是利用了放大镜聚焦的原理。阳光穿过放大镜，经放大镜的折射，就会形成一个焦点。焦点的温度很高，气球的温度就会越升越高，当焦点处的气球膜软化到一定程度或达到气球的燃点时，气球就会燃烧，从而被引爆。

212.线过而冰不断

细线对冰块施加了压力，使冰的溶点降低，细线正下方的冰块就会融化，细线就切入到冰块里面。当细线切入冰块里面后，线上面又恢复了原来的压力，重新冻结成冰。这样一来，细线一直切过冰块，降到冰块底部，上面仍然是完整的冰块，几乎没有被切过的痕迹。

213.粘手的冰块

手指上有水，碰到温度极低的冰棒，瞬间结冰，从而将手指"粘"住了。

214.用棉线割玻璃

此游戏利用的是热胀冷缩的原理。

棉线燃烧的地方，温度会很高，此处的玻璃会受热膨胀。把玻璃放入冷水中后，遇冷迅速收缩，由于玻璃属于热的不良导体，内外的伸缩程度不一致，所以玻璃很容易沿着线的位置断裂开来。

215.铜丝会灭火

铜不但具有很好的导电性，而且还有良好的导热性能。当铜丝罩在燃烧着的蜡烛上时，火焰大部分的热量被铜丝带走，使蜡烛的温度大大降低，当温度低于蜡烛的着火点时，蜡烛就会熄灭。

216.哪个最先结冰

一般情况下，水溶液的浓度越高，其凝固点就越低。虽然水中加入的蔗糖和食盐的体积是相同的，但一勺盐中的分子数目要远远大于糖的分子数目，因此，盐溶液的浓度更大，而糖溶液和盐溶液的密度都大于水，所以，水最早结冰，糖溶液其次，盐溶液则很难结冰。

217.自制蒸馏水

水的沸点是100℃，而盐的沸点却高达1413℃，当在正常的气压下加热盐水时，酒精灯只能加热到100℃，产生水蒸气，遇冷后变成水珠。

所以，我们可以用这种方法取得蒸馏水。

218.肥皂也能燃烧

这个试验其实是制作固体乙醇的近似方法。

肥皂的主要成分是硬脂酸钠，与乙醇可形成凝胶状的固体物，这种凝胶状的固体物易于燃烧。

219.缺氧的鱼

气体在水中的溶解度受温度的影响，温度越高，溶解度越小；反之溶解度就越大。碳酸饮料是由二氧化碳溶解在水中制成的，

当它遇到开水后，温度上升，二氧化碳就
会大量逸出；而放入冷水中的杯子，温度很
低，气体逸出得就少。

第九部分　水的个性表演

220. 滴水放大镜

你知道水也能当放大镜吗？是不是想马上试验一下呢，那么就跟着我一起做吧！然后请你说出其中的原理。

需要准备的工具和材料：水、保鲜膜、碗、彩色珠子。

操作步骤：①把彩色珠子放入碗中，用保鲜膜封住碗。②用手轻轻把碗口上面的保鲜膜向下按一些，使保鲜膜成倒锥形。③将水倒在保鲜膜上，通过水看碗中的物体，彩色珠子看起来比平时大了很多。

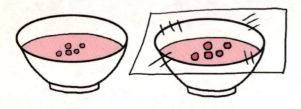

221. 钓鱼常见问题

在钓鱼时，我们会发现，当把鱼从水里面钓出来的时候，鱼竿会弯曲，你知道这是为什么吗？

需要准备的工具和材料：鱼竿。

操作步骤：在安全的钓鱼池旁钓鱼，当看见鱼已经上钩时，就开始提竿。此时你会发现鱼在水中的时候，我们觉得竿并不是很重，而且鱼竿是平直的。可是，当鱼露出水面的时候，鱼竿开始弯曲起来了，我们也感觉到提竿吃力。

222. 牙签也喜甜

放在水里的牙签，会向着方糖所在的位置游动，而不向着肥皂所在的位置游动，难道牙签也喜欢吃甜的东西吗？

需要准备的工具和材料：牙签、一盆清水、肥皂、方糖。

操作步骤：①把牙签轻轻地放在水面上，把方糖放入水盆中离牙签较远的地方，牙签会向方糖的方向移动。②换一盆水，把牙签轻轻地放在水面上，现在把肥皂放入水盆中离牙签较近的地方，牙签就会远离肥皂。

你知道这是什么原因吗？

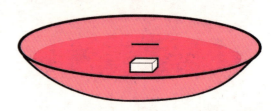

223. 简易空调

在炎热的夏季，如果没有空调该多热啊！下面，我们就来制作一个简易的空调。请你说出其制作原理。

需要准备的工具和材料：电风扇、湿毛巾。

操作步骤：①将湿毛巾挂在衣架上，放在电风扇前。②打开电风扇，坐在毛巾后面，就会感觉到风变得凉凉的。

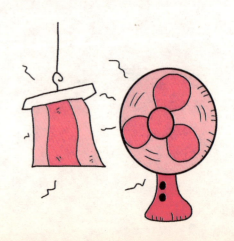

224.气球潜艇

大家都从电视上看过潜水艇吧，看过之后你想不想拥有一艘潜水艇呢？那就自己来动手制作一个吧！

需要准备的工具和材料：彩色气球、塑料瓶盖、锥子、橡皮筋、一大盆水。

操作步骤：①将彩色气球口套在自来水龙头上灌足水，灌到气球壁呈半透明状。②找一个直径约15毫米的塑料瓶盖，在瓶盖的中心处用锥子钻一个小孔，然后套在气球口上，并用橡皮筋扎紧。气球内的水在气球壁的作用下，能从小孔中喷出。③将这个灌足水的气球平放入水中，你会发现气球会徐徐前进，就好像一艘航行的潜水艇。

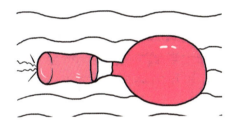

225.分不开的杯子

两只套在一起的杯子，怎么也分不开，好像用胶粘在一起一样，这是为什么呢？

需要准备的工具和材料：玻璃杯两只、水。

操作步骤：①将两只同样大小的玻璃杯，一只放在另一只里面，在套在外面的杯子口上淋点水，使两只杯子之间形成薄薄的一层水膜。②两只杯子之间的那一层薄水膜，好像有很大的黏性一样，把杯子粘得牢牢的，用力拔，怎么也拔不开。③往套在里面的杯子里倒上一些冰水，再把外面的杯子放在热水里浸一下，然后立刻拔出，就可以把两只杯子分开了。

226.方糖也能画画

很多小朋友都用彩笔学习画画，那你见过用方糖画画的吗？下面就教你用方糖画画。请你说出这样画的原理。

需要准备的工具和材料：方糖、碟子、红、蓝彩笔各一支。

操作步骤：①用蓝色彩笔在一块方糖的中央用力画一个点，用红色彩笔在另一块方糖中央用力画一个点。②用水把碟子底部全部弄湿，然后放上被点过颜色的方糖仔细观察。随着方糖慢慢溶化，漂亮的图像就出现在碟子上了。

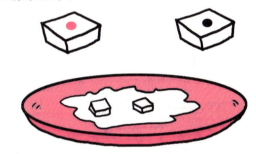

227.延伸的水迹

在报纸上滴一滴水，水会逐渐改变形状，这是为什么呢？

需要准备的工具和材料：报纸、一杯水、滴管。

操作步骤：①将报纸平铺在地上。②用滴管吸进一些水，然后将水滴在报纸上，你会发现水滴在报纸上的形状是圆形的痕迹，而过一会儿后，就逐渐变成了椭圆形。

228.水中冒"青烟"

原本平静的水中突然升起一股水柱，就像上升的青烟一样。是不是很神奇呢？你知道这是什么原因吗？

需要准备的工具和材料：广口大玻璃瓶、小玻璃瓶、塑料薄膜、蓝墨水、细线、锥子。

操作步骤：①在广口大玻璃瓶内装上大约2/3的水。在小玻璃瓶中注入一点蓝墨水，然后加热水装满小瓶，并用塑料薄膜将瓶口扎紧。②在瓶颈上系两根对称的细线，用锥子在塑料薄膜上扎两个小孔。③用两手提着细线将小瓶慢慢沉入大瓶的瓶底，一定要放稳。④仔细观察，你会发现在小瓶口处的小孔连续不断地升起一股蓝色的水柱，宛如一股"青烟"笔直地冲向水面，在水面又像一朵云一样四处散开。

229.浮在水面上的针

用精钢打造出来的东西，一般都会沉到水底的，可是绣花针却能浮在水面上，这是什么原因呢？

需要准备的工具和材料：大口碗、牙签、缝衣针、餐巾纸、水。

操作步骤：①在碗里倒上大半碗清水，然后将餐巾纸平摊在桌面上，再把针放在餐巾纸上。②双手拎起餐巾纸的两端，连纸带针一起轻轻地放在水面上。顿时，白色的餐巾纸浸水后变得透明，十分均匀且平整地浮在水面上。③过一会儿，餐巾纸的4个角渐渐地沉了下去，但是纸的中间部分却仍然一动不动，针和纸还紧贴在一起。④用牙签将餐巾纸慢慢地按入水中，然后用牙签把餐巾纸轻轻地从碗里捞出来。需要注意的是，千万不能把针的上半部弄湿，否则针会立刻沉下去。⑤餐巾纸捞出来后，针就平稳地浮在水面上了。

230.多层次的液体塔

积木能一个个搭起来，因为它是固体。液体能不能也像积木块那样搭起来呢？

需要准备的工具和材料：糖稀、甘油、葡萄汁、合成洗涤剂、肥皂水、水、食用油、酒精、纸杯、大量筒。

操作步骤：①把等量的糖稀、甘油、葡萄汁、合成洗涤剂、肥皂水、水、食用油、酒精等分别倒入纸杯里。②按糖稀→甘油→葡萄汁→合成洗涤剂→肥皂水→水→食用油→酒精等的顺序，沿大量筒筒壁缓缓倒入。注意，如果找不到全部材料，使用少一些材料也可以。不要摇动量筒，如果摇动，就会破坏原来层次。③仔细观察量筒，你就会发现各种液体在玻璃杯里形成多层次，宛如美丽的塔。

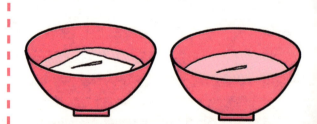

231.洗衣粉的去油能力

我们平时洗脏衣服，都是用洗衣粉或肥皂来清除污垢的，那么，你知道洗衣粉为什么会有这么强的去污功效吗？

需要准备的工具和材料：玻璃瓶、油、水、洗衣粉。

操作步骤：①向玻璃瓶中注入半瓶清水，再倒入一些油，这时，油漂在水面上，界限分明。②用手摇晃玻璃瓶，强迫油和水混合。静置一会儿，油和水又分成上下两层。③往玻璃瓶里加一点洗衣粉，然后充分摇晃瓶子，仔细观察，你会发现油和水不再分为两层，而是混合在一起了。

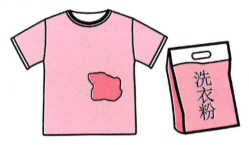

232.水中的沉淀物

冷水和凉开水有很大的区别，在加入肥皂水后，一个沉淀物多，一个沉淀物少，这是什么原因呢？

需要准备的工具和材料：玻璃杯两个、凉开水、冷水、肥皂水。

操作步骤：①在两个玻璃杯中分别盛冷水和凉开水。然后，每杯各加5滴用药棉滤过的肥皂水，并搅拌均匀。②过一会儿，你会发现，冷水杯里很浑浊，并有许多白色的沉淀物，而凉开水杯里沉淀物很少，水也不太浑浊。

233.浮力

水具有浮力，潜水员受到浮力的作用，可借助氧气瓶完成各种各样的水下作业，如果没有了浮力，将会怎么样呢？

需要准备的工具和材料：石蜡、砂纸、烧杯、水。

操作步骤：①将一块石蜡的底部用砂纸轻轻磨平，然后紧贴着杯底放入烧杯中。②用手按着石蜡，将水缓缓灌入烧杯中；当石蜡全部被浸没后，将手轻轻抽出。③这时，我们会看到石蜡并没有上浮。石蜡维持不上浮的时间长短，取决于石蜡底部磨平的状况。底部磨得越平，维持不上浮的时间就越长。

磨平

234.拧水成"绳"

我们都知道多股绳子可以拧成一股，那么，我们可不可以像拧绳子一样，把多股水流拧成一股水流呢？

需要准备的工具和材料：铁罐、锥子、水。

操作步骤：①在空的铁罐底部用一根钉子在上面钻5个小孔，小孔间隔在5毫米左右。②将罐内注满水，水是分成5股从5个小孔中流出的；然后用大拇指和食指将这些水流捻合在一起。手拿开后，5股水就会合成一股。如果你用手再擦一下罐上的小孔，水又会重新变成5股。

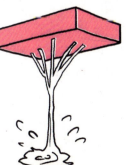

235.液体的对流现象

当连通电池后一段时间，鱼缸里的水就会出现对流现象，这是为什么呢？

需要准备的工具和材料：铅笔芯、鱼缸、导线、凉水、12伏电池、胡椒粉。

操作步骤：①把铅笔芯的两端各自用导线缠紧。导线的另外两端分别接到电池的正负极上。②将凉水倒入鱼缸。把铅笔芯放进水中。注意要让铅笔芯水平悬在水中，不能碰到鱼缸壁。③在鱼缸中撒一些胡椒粉，观察水中的现象。过一会儿，你会发现鱼缸里的水开始出现对流现象。

236.小水滴赛跑

让小水滴在油纸和报纸两种滑面上向下滑，你认为它在哪个滑面上跑得最快呢？

需要准备的工具和材料：油纸、报纸、水、滴管、几本书、木板。

操作步骤：①把几本书摞在一起，把木板搭在上面，形成一个斜面，然后分别把油纸和报纸在木板上铺好。这样，一条供小水滴赛跑的跑道就做好了。②在滴管内吸进水，分别在油纸和报纸的同一上方滴下水滴。你会发现，在油纸上的水滴很容易就滑到了底部，而在报纸上的水滴，则很难滑下。这是为什么呢？

237.自动小转轮

水车的转动是由水的流动带动起来的，从而把水从低处带到高处。下面的这个游戏就是模拟水车原理来完成的。

需要准备的工具和材料：大玻璃杯、塑料瓶盖、薄铁皮、锥子、火柴棍、开水。

操作步骤：①在一个直径为30毫米左右的塑料瓶盖中心钻一个小孔。②用薄铁皮剪一个小叶轮，直径与瓶盖的直径一样。③在叶轮中心钻一个小孔，并把叶片扭转一定的角度，将火柴棍的两端分别插入瓶盖和叶轮的小孔中。④在大玻璃杯中注满开水，使水与杯口持平。把叶轮小心地放入水中，使瓶盖浮在水面上。过一会儿，叶轮便带动瓶盖慢慢地旋转起来。

小朋友，你知道这是怎么回事吗？

238.模拟"蛋黄"

把鸡蛋煮熟后，剥掉蛋壳、蛋白，剩下的就是像球形的蛋黄。那么，你知道熟鸡蛋的蛋黄为什么是球形的吗？

需要准备的工具和材料：玻璃杯、油、酒精、水。

操作步骤：①在玻璃杯里面盛小半杯清水，在清水里加入一大滴油，油在水面上呈薄片状浮于水面。②取一定量的酒精，沿着杯壁慢慢倒入水中，倒的时候注意不要冲散薄片状的油。③随着倒入酒精量的增多，油的薄片慢慢变小，而厚度却越来越厚，变成扁球状，最后演变成一个圆球形。这样，一只人工制造的模拟"蛋黄"就形成了。

油　酒精

239.水下的音乐

你听过水下的音乐吗？下面这个游戏就能让你听到水下的音乐，做完游戏后，你能说出其中的奥秘吗？

需要准备的工具和材料：录音机、气球、细线、一盆水。

操作步骤：①把录音机的耳塞装进气球内，并吹鼓气球，用线扎紧气球口。②打开录音机播放一段音乐，要把录音机的音量开到最大，这时候你能从气球里面听见传来的音乐声。③把带有耳机的气球完全浸入水中，声音很快就消失了。此时，如果把耳朵贴在水盆壁上，就又能听到悦耳的音乐了，而且比在空气中还清楚！

240.不会溢出的水

向一杯水里面不断地放入硬币，你说水会溢出来吗？并说明理由。

需要准备的工具和材料：一杯水、硬币。

操作步骤：①在一只干燥的玻璃杯中灌多半杯水，但不要让水溢出来。然后慢慢地往杯中放硬币，一个接着一个。②奇怪的是，杯子里面竟然可以放这么多硬币，水却不会溢出来，而是在水杯上面形成了一个小水丘。

127

241.水里的蛋壳

将一个鸡蛋敲开后，把两瓣鸡蛋壳放在同一盆水中，一个开口向上，一个却开口向下，为什么同一个鸡蛋的鸡蛋壳却呈现两种不同的状态呢？

需要准备的工具和材料：鸡蛋、透明水槽、水、碗。

操作步骤：①在水槽里注入一半的水。②将鸡蛋从中间打破，将蛋清和蛋黄放在碗里，留下两个鸡蛋壳。③把两个鸡蛋壳口朝下同时放在水槽里，让它们完全浸入水里面去，你会发现，沉入水底的两片鸡蛋壳，一个开口是向上的，一个开口却是向下的。

242.用棉线画圆圈

用圆规在纸上画一个圆很容易，可是，你能用一根棉线在水中画一个圆吗？

需要准备的工具和材料：棉线、牙签、肥皂。

操作步骤：①把棉线围成一个圈，并把它放在水中。你会发现，它不一定是圆形的。②取一根火柴，一端粘上一小块肥皂，插进棉线圈中，棉线圈就会立刻自动胀成圆形，好像用圆规画的圆一样。

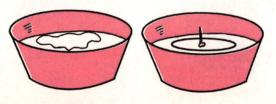

243.变清晰的镜子

浴室里的镜子，在水蒸气的作用下很容易起雾，用什么方法可以让它变得更加清晰呢？

需要准备的工具和材料：旧镜子、肥皂、水壶、燃气灶、水。

操作步骤：①用水壶烧一壶水，水开后会冒出水蒸气。②拿一块旧镜子放在水蒸气前，你会看到镜子上立刻起了一层雾。③在起雾的镜子上，擦上一层薄薄的肥皂，然后用清水冲洗干净，你会发现，镜子立刻变得非常清晰。

244.宣纸上的水印

你相信不用笔就能在宣纸上描出美丽的图案吗？

需要准备的工具和材料：脸盆、宣纸、筷子、棉花棒、墨汁、盆、水。

操作步骤：①在盆里倒入半盆水，用蘸了墨汁的筷子轻轻碰触水面，即可看到墨汁在水面上扩展成一个圆形。②用棉花棒在头皮上摩擦几下，然后轻碰墨汁圆形图案的圆心处。③把宣纸轻轻覆盖在水面上，然后缓缓拿起。这时你会看见，宣纸上印出了一圈圈的不规则的同心圆图案。

245. 打水漂的窍门

你打过水漂吗？打水漂要选一块薄而平的石片，然后贴近水面，用力且迅速地将其抛出去，此时石片才会在水面上一次又一次地弹起，直到它的速度减慢，才沉入水里。你一定会问，石片比水重得多，扔进水里应该马上下沉，为什么能在水面上蹦蹦跳跳的呢？

需要准备的工具和材料：一盆水。

操作步骤：①用手掌的侧面击水，然后再把手掌伸开，用正面击水。感觉两次击水有什么不同？②张开手掌击水，一次用力迅速地击，一次慢慢地击，再次感觉两次有什么不同？

246. 不漏水的纱布

把水倒在纱布上，水能从纱布上漏下来。但是，在下面的游戏中，把水倒在纱布上，纱布却不会漏水，你知道这是为什么吗？

需要准备的工具和材料：玻璃瓶、纱布、细绳。

操作步骤：在玻璃瓶里面灌上一瓶水，然后用纱布蒙住瓶口，用细绳或皮筋把纱布紧紧地扎在瓶口处。这时，你把瓶子倒过来试试看，瓶里的水会不会流出来呢？

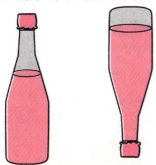

247. 乒乓球游戏

通常情况下，乒乓球都是浮在水面上的，可是现在，它却沉在水底，不浮上来了，这是什么原因呢？

需要准备的工具和材料：乒乓球、可乐瓶、剪刀、水、盆。

操作步骤：①把可乐瓶用剪刀拦腰剪断，留下有瓶盖的那部分。②拧去瓶盖，让瓶口朝下，把乒乓球放进可乐瓶里。③往可乐瓶内注水，你会发现，可乐瓶并没有漏水，而且乒乓球堵在了可乐瓶的瓶口处。

248. 两根吸管

将粗细不同的两根吸管同时插在水中，你来猜一猜哪根吸管里的水多？为什么？

需要准备的工具和材料：一盆水、粗细不同的两根吸管。

操作步骤：①把粗细不同的两根吸管一同插在水中。②过一会儿，你会发现细吸管中的水上升得比粗吸管中的水高。

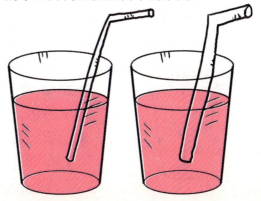

249.水中"潜艇"

眼药水瓶在可乐瓶里浮浮沉沉，让它上升就上升，让它下降就下降，就好像是一艘潜艇。你知道这是怎么回事吗？

需要准备的工具和材料：一杯水、塑料的眼药水瓶、可乐瓶。

操作步骤：①在眼药水瓶内注入一些水，然后放进水杯里。调整眼药水瓶内的水位，让它保持在接近水面的位置。②把可乐瓶装满水，将眼药水瓶放进去，并盖好盖子。③当你想让它沉下去时，就用手挤压可乐瓶，眼药水瓶就会乖乖地沉下去；当你想让它上升的时候，松开挤压的手，眼药水瓶就浮了起来。

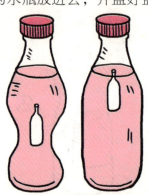

250.附在细线上的糖

把细线伸入糖水中，几天后，糖就会附在细线上，这是为什么呢？

需要准备的工具和材料：玻璃杯、热水、白糖、筷子、细线。

操作步骤：①往玻璃杯中倒入半杯热水，然后向热水里加糖并搅拌使其溶解，直到糖不再溶解为止。②在细线的中间打几个结，一端放进糖水中，另一端系在筷子的中间部位，放在玻璃杯上。③等几天，水干了以后，你会发现细线上出现了白色的晶体。尝一尝，味道是甜的。

251.掉落的盒盖

随着水的不断注入，粘在盒子上的盒盖就会自动脱落，这是什么原因呢？

需要准备的工具和材料：圆柱形罐头盒、漏斗、橡皮软管、水杯、脸盆、铁架台、凡士林、剪刀。

操作步骤：①用剪刀在罐头盒的底部钻一个圆孔，并把橡皮管塞进圆孔内。②在罐头盒的盒盖四周涂上凡士林，使盒盖可以粘在盒子上。再把罐头盒倒置，固定在铁架台上。在铁架台的下方放一个脸盆接水。③将漏斗连在橡皮管的另一端，慢慢地提起漏斗，让橡皮管伸直，同时不断地往漏斗里注水。结果，橡皮管升到一定高度时罐头盒的盖子就会脱落下来。

252.水的波纹

清澈的河水缓缓地向前流去，在遇到阻隔的时候，你会看见平静的水面泛起了粼粼的波光。这是为什么呢？

需要准备的工具和材料：水、碗、铅笔。

操作步骤：①在碗里加满水，待水面完全平静后，让铅笔和水面互相垂直，然后用笔尖在碗中央的水面上轻轻碰几下。②你会发现，在铅笔碰触的水面上，出现了一轮轮圆形的波纹，波纹从水面中央慢慢地向四周蔓延，越变越大。离圆心越远，波纹的形状就越不明显。

253.哪个洞喷水最远

在一个塑料瓶的不同位置上扎4个洞，然后给塑料瓶迅速装满水，你认为哪个洞喷出来的水最远呢？为什么？

需要准备的工具和材料：空塑料瓶、钉子、水、透明胶带。

操作步骤：①用钉子在塑料瓶4个高度不同的位置各钻上一个洞，然后用透明胶带把洞口封住。②在塑料瓶中装满水后，撕下洞口上面的透明胶带。③你会看到在每个洞口都会喷出一股水柱，但是强度各不一样。从最下面的洞口喷出来的水柱喷得最远，从最上面的洞口喷出来的水柱喷得最近。

254.水滴"走钢丝"

水滴在"钢丝"上滑过，没有掉落下来，是水的技艺高超，还是有其他的原因呢？

需要准备的工具和材料：两个玻璃杯、细线、肥皂、透明胶带。

操作步骤：①用肥皂把细线擦一遍。②把两个玻璃杯并排放在一起，用胶带把细线的两端分别粘在玻璃杯的内侧，其中的一端要多伸入杯口一些。③往细线伸入较多的那个杯子中倒半杯水，然后拿起这个杯子，轻轻地把线拉紧，让线形成一个坡度。④倾斜有水的杯子，让水浸泡伸入的细线，这时，你会看到水滴正在从细线上滑过，好像在"走钢丝"一样。

255.软硬不同的土豆片

厚度相同的两片土豆片，一片放在清水中，一片放在盐水中，过一段时间后，它们的软硬程度就出现了不同，这是为什么呢？

需要准备的工具和材料：土豆、刀、食盐、碗、小勺、水。

操作步骤：①在两只碗里分别注入相同量的水，其中一只碗里加上两勺食盐。②用小刀从土豆上切下同样大小的两片土豆片，放进碗里。③一段时间后，取出两片土豆，你会发现，泡在清水中的土豆比较硬，泡在盐水中的那一片却变软了。

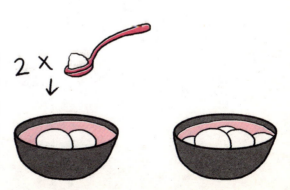

参考答案

220.滴水放大镜

碗里的彩色珠子看起来大了不少，这是因为保鲜膜上的水形似凸透镜，而通过凸透镜看到的物体往往会大于原有形态。

221.钓鱼常见问题

首先这个现象是符合阿基米德定律的，浮在流体中的物体，将失去部分重量，恰恰与它所排开的同体积的水的重量相同。这种所谓的重量损失，被称为浮力。在钓鱼的过程中，水中的鱼所得到的浮力，恰恰使它的重量略重于水。把鱼竿拉起后，鱼恢复了原有的重量，另外还要加上鱼身上带走的水的分量。

222.牙签也喜甜

方糖放入水盆的中心时吸收一些水分，所以会有很小的水流往方糖的方向流，牙签也会跟着水流移动。但是，当把肥皂投入水盆中时，水盆边的表面张力比较强，所以会把牙签向外推。

223.简易空调

水蒸发需要吸收热量。当毛巾上的水蒸发时，会从电风扇吹出的风中吸收大量的热量，因此，风就变得凉凉的了。

224.气球潜艇

气球和瓶塞的比重差不多，所以水中的气球既不会浮出水面，又不会沉入水底，在喷水的反冲力作用下，由于水往后面喷出，反冲力作用使气球向前游动。

225.分不开的杯子

两只杯子在一起是因为水分子之间聚合在一起的内聚力，水和玻璃之间有相互吸引的附着力。两只湿杯子套起来，使这两个力结合在一起，在杯子之间形成一种强有力的粘合力，因此两只杯子就不容易被分开了。

往杯子里倒入冷水是由于热胀冷缩，里面的杯子收缩，外面的杯子膨胀，这个极小的变化，能够破坏那层薄水膜在两个杯子间形成粘合力，杯子就可以分开了。需要注意的是，动作一定要快，否则杯子会粘得更牢。

226.方糖也能画画

在水中滴入墨水时会看到它向四周蔓延，这种现象叫作扩散。方糖能画画也是由于扩散现象。当方糖遇到水慢慢溶化时，点在上面的墨水也遇水扩散，因此形成了画。

227.延伸的水迹

报纸是由植物纤维制作成的，因此植物纤维的走向就决定了水的走向。水滴浸入这些极小的"毛细管"中后，就像自然界生长的植物吸收水分那样，由于横向的纸张纤维吸水性不太强，所以，椭圆形水迹就向我们显示了纸中纤维的走向。报纸上印有图片或大型字体的地方，水迹扩展很小。图片处的纸张纤维的吸水功能之所以减弱，是因为其中的大部分都被含有油性的油墨吸收。同时，这个实验也说明了水具有浸入植物纤维的特性，也正因为如此，水才能为植物提供养分。

228.水中冒"青烟"

小瓶里的墨水是热的，与大瓶里的水的温度不同。热墨水温度高，比大瓶的冷水要轻一些，于是热墨水就在冷水中不断上升、扩散，周围冷水不停地过来补充，形成对流，就好像是"青烟"冒出来一样。

229.浮在水面上的针

针能浮在水面上跟水的表面张力有关，针的重量比水的表面张力轻，所以针就能浮在水面上。

230.多层次的液体塔

这是因为液体的密度互不相同而形成的。如果密度不同，即使是液体也不会混到一起。密度大的液体沉在下面，密度小的液体就浮在上面。用液体制塔看似不可能，其实我们充分利用液体的密度差，是完全可以制成五颜六色的"液体塔"的。

231.洗衣粉的去油能力

洗涤剂有特殊的性质，能把一个个油滴包围起来，均匀地分散在水中，这种作用叫"乳化作用"。

在这种作用下形成的油水混合液叫"乳油液"。平时，我们喝的牛奶，乳白色的鱼肝油，都是乳油液。洗衣粉能去除衣服上的油污，洗涤剂能清洗油渍，就是因为它们跟油和水都能溶解，因此能把沾了油渍的衣物清洗干净。

232.水中的沉淀物

水中含有很多矿物质及其他杂质，如钙、镁等。它们就像食盐溶解在水中一样，不容易被人看到，水中加入肥皂水以后，一些矿物质就与肥皂水结合在一起，变成不溶于水的白色沉淀物。水中的矿物质和杂质越多，沉淀物也就越多。

如果把水烧成开水，水在煮沸的过程中，一部分矿物质及杂质已经从水中跑了出来，变成了沉淀物，形成水垢附在水壶壁上。这样，凉开水中的杂质就比冷水中的杂质要少，所以

加入肥皂以后，沉淀物也就少了。

233.浮力

石蜡底部磨得很平整，紧贴着杯底，杯中的水一时难以渗进石蜡底部，石蜡下表面就不会受到水向上的压力。石蜡由于没有获得向上的压力差，因而也就没有受到浮力的作用，就浮不上来。通过这个游戏，我们可以知道，一个潜水员潜入水底时，如果不小心让身体的某一部分陷入泥沙中，就有可能失去水对他的浮力作用，而陷入危险之中。

234.拧水成"绳"

出现这种情况是因为水的表面张力在起作用。水的表面张力使水流进行分、合，从几股变成一股，又从一股变成几股。

235.液体的对流现象

当电流通过笔芯时，笔芯发热，导致周围的水温升高。由于热水密度比冷水密度小，因此热水向上运动，冷水下降到笔芯附近，随后冷水又被加热并上升。水流的不断循环就使鱼缸里出现了液体对流现象。

236.小水滴赛跑

油纸的表面是光滑的，所以水滴在上面产生的摩擦较小，很容易滑落。报纸具有吸水性，表面也很粗糙，与水的摩擦很大，因此在滑落的过程中，就渗入到报纸中去了。

237.自动小转轮

小叶轮带动瓶盖转动是由于水的对流造成的。杯口和贴近四壁的水比杯子中心的水凉得快，使周围的水向下流动，中心的热水就会向上流动。水的流动就会推动叶轮旋转

起来。小叶轮旋转是由于受到动力的作用，不过它的能量是贮存在热水里的。

238.模拟"蛋黄"

油的密度小于水的密度，所以油浮在水面上。酒精密度比水和油都小，当酒精不断倒入水中时，水和酒精混合液的密度逐渐变小，当这种混合液的密度等于油滴的重力，此时的油滴就处于"失重"状态。当油滴处于"失重"状态时，表面张力会使它的表面积尽可能缩小到最小值，而在体积一定的条件下，以球形的表面积为最小，所以油滴就变成圆球形。

生的鸡蛋，蛋黄与蛋清的密度相等，蛋清对蛋黄的浮力等于蛋黄的重力，这样蛋黄处于"失重"状态，蛋黄在蛋壳里就呈圆球形状。蛋煮熟以后，蛋黄还保持原来的圆球形。

239.水下的音乐

液体、固体和气体都能传播声音，在水盆里，声音的振动引起周围水分子的振动，并撞击盆壁，引起盆里水分子的轻微振动，使声音能够传播，所以，耳朵靠在盒壁上，能听到音乐声。但是，由于水面有一层薄膜，声音的振动又太小，不容易越出水面，结果就会把声音"关"在水里，外面自然就听不到了。

240.不会溢出的水

水杯上面形成的水丘是表面张力起作用的结果，这是水分子间的一种相互吸引力造成的。

241.水里的蛋壳

每个敲开的鸡蛋，大头的一个上面是有个气泡的，只要这个气泡没有破裂，这个鸡蛋就是口朝下沉下去的。而没有气泡的那个鸡蛋壳，是口朝上沉下去的。

242.用棉线画圆圈

肥皂能够破坏水的表面张力。棉线圈内水表面的张力被肥皂破坏之后，圈外水的表面张力仍然很大，从各个方向上拉着线圈，所以棉线圈就自动变圆了。这个有趣的小游戏，你不妨也试一试。

243.变清晰的镜子

镜子起雾是因为小水滴在其表面引起了反射。镜面上有污垢时，由于镜面具有疏水性，水蒸气形成的水滴会附在镜面的污垢上，形成凹凸不平的表面，造成了反射光线往不同的方向无规则地反射。当在镜子上擦上肥皂时，能使镜面上的污垢去掉，水滴与水滴得以处在同一平面从而连接在一起形成一层薄膜。此时的镜面就变得光亮多了！

244.宣纸上的水印

棉花棒碰触时，墨汁会被扩展成一个不规则的圆圈图形。棉花棒在头皮上摩擦所涂上的少量油脂，会影响水分子互相吸引的力量，水印就会呈现不规则的同心圆图形。

245.打水漂的窍门

用手掌的侧面和正面击水时，你会感到这两次的阻力不同，手掌伸开的时候，水的阻力要大，原因是手和水的接触面大了，这说明水的阻力和面积有关。迅速击水的时候，水的阻力更大一些，这说明水的阻力还和速度有关。

打水漂的游戏说明了水的阻力和物体接

触水的面积有关。是水的阻力使石片在水面上蹦蹦跳跳，石片扁一点是为了扩大和水的接触面积，用力抛出石片是为了让石片的速度更快。

246.不漏水的纱布

纱布防水的原因有两个，一是因为空气压力在起作用；二是因为水的表面张力在起作用。空气的压力很大，完全可以托住压在瓶口处水的重力，所以水不会往下漏。

另外，水的表面像一层有弹性的皮肤，这层"皮肤"上的分子紧紧地被水面下的那层分子所吸引，把水裹了起来，不让水渗漏下去。

247.乒乓球游戏

因为乒乓球堵住了瓶口，上方又受到水的压力，并且乒乓球的下方没有受到任何向上的作用力，所以乒乓球沉在水底浮不上来了。

248.两根吸管

水的表面张力使进到吸管里的水与吸管壁之间产生附着力，这种力在粗细不同的吸管中所能承受的水的重量是相等的，所以细吸管里的水升得高一些。

249.水中"潜艇"

根据阿基米德原理，物体在水中浮力的大小等于物体所排开水的重量。用手挤压可乐瓶时，压力会透过水传到眼药水瓶上，眼药水瓶内的空气体积因为被压缩而变小，浮力因此也减小，所以眼药水瓶就会下沉。把手放开后，眼药水瓶的体积又恢复到原状，因此它又能浮起来。

250.附在细线上的糖

水中溶解的糖在水分蒸发时，会以晶体的形式附着在细线上，水分蒸发后，细线上就会出现糖晶体。

251.掉落的盒盖

随着漏斗被提起，液面的高度增加，罐头盒底部的压强也随之增大。当橡皮管伸展到一定的长度时，罐头盒下面粘紧的盒盖就脱落了。

252.水的波纹

当水面遇到外界的作用力时，会以波浪的形式移动。并且波浪会把能量从一个地方传递到另一个地方，让物质位置上下左右地移动。

253.哪个洞喷水最远

较低水层的水压高于较高水层的水压，因此，下层的水柱射出的速度要比上层的水柱射出的速度大些，所以射得也要远一些。

254.水滴"走钢丝"

用肥皂把细线擦一遍，就改变了水的表面张力，增加了水和线表面的吸引力，表面张力使水变成了圆形水滴，水滴就沿着细线一滴一滴滑到另外一个杯子中。

255.软硬不同的土豆片

放在清水中的土豆片，它的细胞液内盐的浓度大于清水的浓度，所以它就吸收了很多清水；而放在盐水中的土豆片，它的细胞液内盐的含量比盐水中的少，所以土豆片的水就跑到盐水里面去了，因此土豆片就会因脱水而变软。

第十部分　在空气中寻找的乐趣

256. 拔火罐的秘密

我国的中医有时会采用拔火罐的办法给病人治病，一个小小的火罐扣在病人的疼痛处，罐子就紧紧地吸在了那里，不会掉下来，你知道这是为什么吗？

需要准备的工具和材料：玻璃罐、破棉布、蜡烛、火柴。

操作步骤：①把棉布在水里湿过后，叠成几层大小比罐口大一点的方块，放在桌子上。②把一只点燃的蜡烛固定在桌子上，用一只手拿着倒扣着的罐子，在上方把里面的空气烤热，然后迅速地把罐子扣在湿布上，罐子就能把湿布吸起来了。

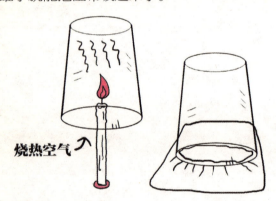

烧热空气↗

257. 淘气的鸡蛋

把鸡蛋放在瓶口上，没有任何的外力作用，鸡蛋就会自己钻进瓶子里，你知道这是什么原因吗？

需要准备的工具和材料：鸡蛋、空玻璃瓶、热水。

操作步骤：①把鸡蛋煮熟，冷却后剥去外壳，备用。②往空玻璃瓶中注入热水，然后用毛巾围住玻璃瓶，用手摇一摇，然后把水倒掉。③把煮熟的鸡蛋的小头朝下，放在玻璃瓶的瓶口上，过一会儿，鸡蛋就会被吸进瓶子里面去了。

热水

258. 简易气枪

大家对气枪并不陌生，很多小朋友都喜欢玩。下面，我们就来自制一把简单的"气枪"，它不仅安全，而且操作起来也很简便。请你在操作完毕后说出其原理。

需要准备的工具和材料：玻璃管（直径为8~10毫米，长度为6~8厘米）、木棍（长度约为15厘米）、土豆、刀。

操作步骤：①把土豆切成厚厚的一片，备用。②把玻璃管两端都插进土豆片里，土豆就会嵌进管子里，把管子的两头堵住。③用小棍或铅笔把一端的土豆片慢慢推进玻璃管里，用另一端瞄准你想射击的目标，你手中的这支"气枪"就会"啪"的一声把一块"土豆子弹"射向目标。

259. 苍蝇拍上的孔

我们都知道，大多数的苍蝇拍上面都是带有小孔的，但你知道这是为什么吗？

需要准备的工具和材料：硬纸板、剪刀、木棍、钉子、细铁丝。

操作步骤：①用剪刀把硬纸板剪成苍蝇拍大小，然后用细铁丝固定在木棍上。②用做好的苍蝇拍打苍蝇，发现很难打到苍蝇。③用钉子在苍蝇拍上戳几个洞，再去打苍蝇，你就会发现，这次很容易打到苍蝇了。

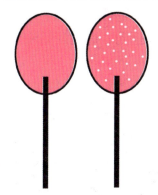

260. 反射回来的小纸球

明明是想把小纸球往瓶里吹，但小纸球却反朝你的脸射过来，这是什么原因呢？

需要准备的工具和材料：一只空瓶子、一个小纸球。

操作步骤：用手横着拿一只瓶子，搓一个小纸球放在瓶口处，尝试把小纸球吹进瓶中。这时你会发现，纸球不但不往瓶里跑，反而会朝你的脸喷射过来。

261. 气球的耳朵

你能把一只玻璃杯牢牢地吸附在气球上吗？就像给玻璃安了一只耳朵。

需要准备的工具和材料：气球、玻璃杯、开水。

操作步骤：①把气球吹大，然后在其表面沾些水。②在玻璃杯里倒满开水，半分钟后将开水倒掉，然后把玻璃杯倒扣在气球上。③等一会儿，摸摸杯子已经变凉了，拿起气球再翻个身，只见玻璃杯挂在了气球下，根本不会掉下来。

262. 两根吸管喝水

你试过用两根吸管来喝水吗？

需要准备的工具和材料：两根吸管、汽水、杯子。

操作步骤：①把一根吸管插到一只装有汽水的杯子里，另一根吸管露在杯子外面。②用嘴含住吸管，用它来喝水，你会发现，即使你使出全身的力气，也无法喝到一滴汽水。（注意：不要用舌头堵住露在杯子外面的那根吸管，也不要用手指堵住这根吸管的另一头。）

263.不会溢出的啤酒

往啤酒杯里倒啤酒，用什么方法才能使杯子里的啤酒不溢出来呢？这样做依据的原理是什么？

需要准备的工具和材料：一瓶啤酒、啤酒杯。

操作步骤：①打开啤酒瓶盖，把啤酒瓶垂直倒立在啤酒杯中，让瓶口保持在杯子高度的一半左右。②看着酒杯里的啤酒泡沫不断向上涌，但就在要溢出酒杯的时候，啤酒却不再向外涌了。

264.空气的影子

你看见过空气的影子吗？你知道空气是什么样子的吗？也许大家会说，空气根本没有影子，因为它是看不见、摸不着的东西。通过下面的实验，我们就会知道答案了。

需要准备的工具和材料：蜡烛、手电筒。

操作步骤：夜晚，在桌子上放一支点燃的蜡烛，让它们距墙60厘米远，然后把屋里的灯全部关掉，站在离墙1~2米远的地方，打开手电筒，让它的光穿过烛光照在墙上。这时你会发现，在蜡烛阴影的上方有一个淡淡的影子在不断摇动，这就是蜡烛上方的热空气的影子。

你知道研究空气的影子有什么好处吗？

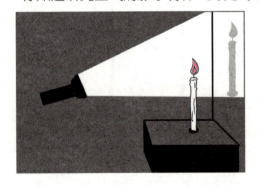

265.死亡气体

放进去的苍蝇死了，燃烧的火柴熄灭了，难道里面有死亡气体吗？究竟是怎么回事呢？

需要准备的工具和材料：两只玻璃杯、清水、汽水、窗纱、苍蝇、火柴。

操作步骤：①分别在两只玻璃杯中注入清水和汽水，用窗纱做一个小盒子，抓两只活苍蝇装入盒内。②把装有苍蝇的网盒放入装有自来水的杯子中，让它接近水面，盒中苍蝇不受任何影响，还能在盒中活蹦乱跳。③把装有苍蝇的网盒放进盛有汽水的玻璃杯中，也让它接近水面，这时，奇怪的现象出现了：盒里的苍蝇变得极不安宁，它们拼命挣扎，好像难受极了，不一会儿，就会伸腿死去。④我们把点燃的火柴放在自来水的水面上方，火柴继续燃烧；把正在燃烧的火柴放在盛有新鲜汽水的杯子的水面上方，燃烧着的火柴却立即熄灭了。

266. 反方向的氢气球

当大家拿着氢气球坐车的时候，有没有发现氢气球的特别之处呢？如果还没有发现的话，下次你可要注意观察一下啊！

需要准备的工具和材料：氢气球。

操作步骤：拿着氢气球下面的绳子，在车窗都关闭的车里。当车子突然停下来时，人是向前倾斜的，而氢气球正好与人的方向相反，是向后飞的；当停止的汽车突然前进的时候，人会向后倾斜，而气球却是向前飞的。这是为什么呢？

267. 吹不灭的蜡烛

蜡烛轻轻一吹，就会熄灭，但是，你能通过漏斗把蜡烛吹灭吗？

需要准备的工具和材料：漏斗、蜡烛。

操作步骤：将点燃的蜡烛放在桌子上，待蜡烛立稳，把漏斗的大头冲着蜡烛的火焰，但不要用漏斗罩住火焰。通过漏斗使劲向蜡烛吹气，发现蜡烛是根本吹不灭的。奇怪的是，火苗反而向漏斗这边倒。

吹气

268. 瓶颈处的粉笔头

一小段粉笔卡在瓶颈处，你能把它吹进瓶子里面去吗？

需要准备的工具和材料：粉笔头、汽水瓶、吸管、两本书。

操作步骤：①把空汽水瓶横放在桌子上，在瓶子的两旁各放两本书，避免瓶子滚动。②折一段约2厘米长的粉笔头，把它平放在汽水瓶的颈部平坦处。③对准瓶口，用力往瓶内吹气。你会发现，无论你用多大的力气，都无法把瓶颈处的这一小段粉笔吹进瓶子里。④从瓶颈处取出粉笔，将它的一端在地上磨尖。然后，让尖的一端朝瓶底，再放到瓶颈的平坦处。这时，没有用多大的力气，就将粉笔吹入瓶子里了。

你知道这是怎么回事吗？

269. 学会封锁空气

我们通常会借助漏斗给瓶子灌水，可是，在下面的游戏中，漏斗却不能漏水了，这是为什么呢？

需要准备的工具和材料：玻璃瓶、漏斗、水。

操作步骤：①把漏斗插入瓶子中，然后用一些橡皮泥将瓶口密封住。②向瓶子里灌水，你会发现，水根本无法进入到瓶子中。

注水

橡皮泥密封

270. 自制保温箱

为了使饭菜不易凉，人们通常都要用保温盒来装饭菜。那么，你知道保温盒为什么能保持饭菜的温度吗？

需要准备的工具和材料：鞋盒、棉花、两个玻璃杯、开水、温度计。

操作步骤：①在鞋盒里塞满棉花，当作简单的保温箱。②在两个玻璃杯中倒入开水，然后把一杯开水放在桌子上，一杯放到保温箱里，并盖上盖子。③半小时过后，测量两杯水的温度，发现保温箱里的水的温度明显要高于桌面上玻璃杯内的水的温度。

271. 玻璃上的冰花

在寒冷的冬天，玻璃上布满了美丽的冰花，你知道这些冰花是怎么形成的吗？

需要准备的工具和材料：热水、玻璃片、冰箱。

操作步骤：①将玻璃片放在热水杯上，直到玻璃片沾上水汽；②立即把玻璃片放入冰箱的冷冻室里；③几分钟后拿出来，玻璃片上就结了一层冰，还有类似冰花的花纹。

272. 鸣叫的蟋蟀

晴朗的夜晚，我们经常会听到蟋蟀的叫声，你知道蟋蟀的鸣叫是如何发出来的吗？

需要准备的工具和材料：塑料片、磨指甲的锉刀。

操作步骤：①用磨指甲的锉刀磨塑料片的一边，来回移动，能听见声响。②加快锉刀来回移动的速度，你会发现声音变大了。

你知道这是怎么回事吗？

塑料片

273. 热水也能吹气球

你能不用嘴就把一个气球吹起来吗？

需要准备的工具和材料：塑料瓶、气球、冰箱、热水、大器皿。

操作步骤：①把没盖盖儿的塑料瓶放入冰箱，约1个小时后拿出；②多吹几次气球，使气球松懈；③把气球紧紧地套在塑料瓶口上，并用细绳将其绑紧，然后用热水烫塑料瓶，就能看到气球鼓起来了。

浇热水

274. 被吸起来的纸

吸气的时候，有时可以吸起一些物体，那么吹气能不能把物体吸起来呢？

需要准备的工具和材料：牙签、挂历纸、剪刀、粗吸管。

操作步骤：①将挂历纸剪成两个10厘米左右的正方形，在一个正方形的中央挖一个和吸管一样大的洞，在另一个正方形的正中央插入牙签。②在吸管的一端剪一个十字形的刀口，然后将其折向外侧，并用透明胶带将吸管固定在有洞的正方形上。③把插了牙签的正方形纸片对准固定好吸管的那张纸片，使牙签插入吸管，然后用力吸吸管，这时纸片就会被吸起来了，然后你再向吸管吹气，发现也能将纸吸起来。

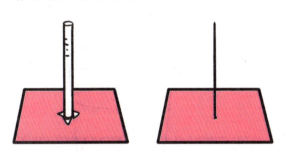

275. 自动旋转的纸杯

用棉线将两个杯口相对的纸杯吊起来，纸杯会自动旋转，它们是凭借什么原理做到自动旋转的呢？

需要准备的工具和材料：两个纸杯、蜡烛、牙签、棉线、胶带、剪刀。

操作步骤：①用剪刀在纸杯杯身的对称处剪出一些长方形的开口。将蜡烛固定在杯子里。②在另一个纸杯的杯身处等距离剪开4个长方形的扇叶。然后在杯底穿一个孔，并把棉线穿过小孔，在线头上系上牙签。③让两个纸杯的杯口对齐，然后用胶带粘好，做成一个灯笼。你会发现灯笼自动转了起来。

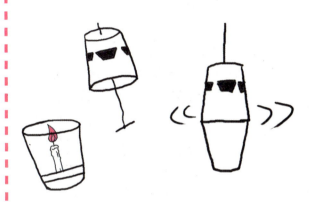

276. 叠在一起的杯子

你能将装满水的两只杯子叠在一起吗？如果能，你是怎么办到的呢？

需要准备的工具和材料：两只玻璃杯、水、盘子、硬纸片。

操作步骤：①把玻璃杯注满水，将一只杯子放在盘子上，另一只杯子上面盖上硬纸片，然后按住将杯子慢慢倒立过来与另外一只杯子叠在一起。②将两只杯子的杯口对齐，然后轻轻地抽掉中间的纸片，上面那只杯子里面的水一滴也不会洒出来。

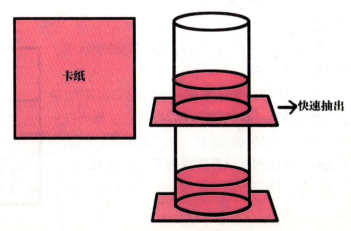

卡纸

→快速抽出

277.被砍断的筷子

把卫生筷用报纸盖着，压紧，然后用大勺子敲击，报纸一下都没有动，卫生筷却被砍断了，这是为什么呢？

需要准备的工具和材料：卫生筷、报纸、大勺子。

操作步骤：①把一根干燥的卫生筷放在桌子上，在筷子上面盖上报纸，让筷子的1/3露在桌面外。②用力压紧报纸，让它和筷子之间没有缝隙，呈密合状态。③用大勺子迅速敲击卫生筷露出的部分，报纸依然没有动，但卫生筷已经被砍断了。

278.又大又结实的泡泡

吹泡泡是很多小朋友都喜欢玩的一个小游戏，用普通的肥皂液吹出来的泡泡很小，而且容易破掉。下面的游戏就来教你如何吹出又大又结实的泡泡。

需要准备的工具和材料：肥皂、玻璃杯、砂糖、茶包、小刀、热水。

操作步骤：①用小刀把肥皂切成小薄片，放入杯子里，加热水搅拌使其溶化。②往杯子里加入少许砂糖，并放进一个茶包，盖上盖子放一夜。③第二天，你就可以用这种肥皂液吹出超级肥皂泡了，这种泡泡不易碎，而且还很大！

279.沉入水底的蜡烛

蜡烛的密度比水的密度小，所以它会漂浮在水面上，但在下面的游戏中，蜡烛却沉入了水底，这是什么原因呢？

需要准备的工具和材料：透明的玻璃水槽、短蜡烛、玻璃杯。

操作步骤：①在水槽中注入2/3容积的清水。②将蜡烛头放在清水中，发现它是漂浮在水面上的。③用玻璃杯罩住水面上的蜡烛，然后将手松开。④随着玻璃杯的慢慢下沉，杯内的水面也在降低，蜡烛也随之慢慢下沉，最后就沉入了水底。

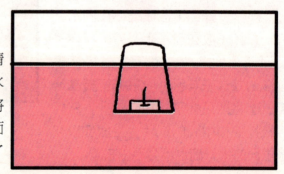

280.巧剥鸡蛋壳

刚煮过的鸡蛋壳不是很好剥开的，你有什么办法可以更好地将蛋壳剥离吗？

需要准备的工具和材料：鸡蛋、凉水。

操作步骤：①把鸡蛋煮熟后，捞出来放进凉水中浸泡一下。②几分钟后，你再剥鸡蛋壳，就会发现很容易就剥开了。

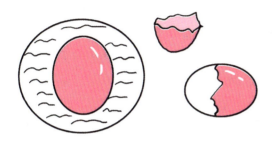

281.吸不出水的吸管

并非所有的吸管都能从瓶子里吸出水来，在下面的游戏中，吸管就失去了作用，请你说说为什么会这样。

需要准备的工具和材料：带盖的塑料瓶、吸管、水。

操作步骤：①在瓶盖上钻一个孔，孔的大小正好可以插入一根吸管，然后在瓶盖吸管的周围用蜡密封好接口处。②将瓶子灌满水，接着再用这根吸管吸水，你会发现，你无法从这根吸管中吸出一滴水来。

用蜡密封

282.神奇的喷水可乐瓶

在可乐瓶中插上两根吸管，当向一根吸管吹气时，另外一根吸管里就会流出水来，这是什么原因呢？

需要准备的工具和材料：可乐瓶、两根吸管、面巾纸、水。

操作步骤：①在可乐瓶内装入约3/4的水，将一根吸管插入水中，另一根吸管插入瓶内，但不要碰到水。②把面巾纸浸湿塞住瓶口，并固定吸管。塞的时候不要留空隙，使可乐瓶呈密闭状态。③用力吹那根没有接触到水的吸管，你会发现水会从另外一根吸管中喷出来。

吹气

283.吸水的玻璃杯

盘子里的水转眼的工夫就被吸进玻璃杯里了，这是什么原因呢？

需要准备的工具和材料：盘子、玻璃杯、短蜡烛、火柴。

操作步骤：①把蜡烛固定在盘子中间，然后往盘子里注满水，并点燃蜡烛。②用玻璃杯罩住蜡烛，在蜡烛熄灭的瞬间，盘子里的水就会被吸到玻璃杯里去了。

284. 制作降落伞

你知道降落伞为什么能承载人的重量吗？

需要准备的工具和材料：手帕、结实的细线、剪刀、橡皮泥、胶带。

操作步骤：①将4根一样长的线分别用胶带粘到手帕的4个角上。②将4根线的另一端用胶带粘到一起，然后在上面系一块橡皮泥。这样，一个小降落伞就做成了。③收起手帕，拿着橡皮泥，把做好的降落伞往空中抛去，这时，你会看到手帕逐渐展开，然后降落伞就会慢慢地落到地面上。

285. 哪个试管先热

在下面的游戏中，将同样的试管放在酒精灯上加热，你认为哪根试管会先热呢？请说出原因。

需要准备的工具和材料：两根试管、酒精灯。

操作步骤：①把食指伸到一根试管的里面，然后把试管放到酒精灯上加热，让试管口水平倾斜向下，你会发现，加热了很长时间，手指也不会感觉到热。②用另外一根试管，同样把食指伸到试管里面，用酒精灯加热，使试管口朝上，没一会儿，你就会感觉到手指很热了。

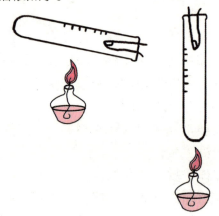

286. 吞吐火焰

小朋友，你能自制一个能吞吐火焰的小喇叭吗？

需要准备的工具和材料：易拉罐、剪刀、硬质纸、万能胶、蜡烛、一盆水。

操作步骤：①把易拉罐开罐的一端全部剪掉，在离罐底约两厘米的地方开一个小孔。②将一张硬质纸卷成喇叭形状，将喇叭的吹气口塞进易拉罐的小孔内，相接处用万能胶粘牢固定，使其不漏气，易拉罐上的小孔边要用刀刮几下，使其表面容易粘连牢固。③点燃蜡烛，将火焰靠近喇叭口，把易拉罐开口的一方快速按进盛有水的容器中，可以看到蜡烛的火焰向外偏，就像火焰从喇叭里吐出来一样。④将易拉罐慢慢按入水中一定深度，然后迅速把易拉罐向上提拉，会看到喇叭把蜡烛的火焰吞进去了。

287. 不会爆炸的气球

当我们用尖尖的物体去扎气球时，气球会"啪"的一声爆炸。然而，在下面的实验中，被针扎过的气球并没爆炸，这是为什么呢？

需要准备的工具和材料：气球、透明胶布、针。

操作步骤：①把一只气球吹足气，系紧。②用一块透明胶布贴在气球上，然后拿一根针扎贴着透明胶布的地方，你会发现，气球并没有"啪"的一声爆炸，而是像消了气的车胎一样慢慢地瘪下去了。

288. 用手掌吊起的瓶子

你一定不会相信不用手就能把瓶子吊起来，但做完下面的游戏后，你就知道为什么瓶子会被徒手吊起来了。

需要准备的工具和材料：广口玻璃瓶、热水。

操作步骤：①在广口玻璃瓶内加入少量的热水，然后摇一摇，再倒掉。②把手掌严密地覆盖在瓶口上，等瓶子冷却后，抬起手掌，瓶子就会被吸起来，就算是稍微晃动一下手掌，瓶子也不会掉下去。

289. 自制热气球

手里拿着氢气球，只要一松手，气球就会飞上高高的天空。而普通的气球是不能飞上天空的，你想拥有一个能飞上天空的气球吗？那就和我一起做下面的实验吧！

需要准备的工具和材料：纸袋、胶水、铁丝、棉花、酒精。

操作步骤：①先用铁丝编一只简单的小筐，筐的上口和纸袋的口大小相同，再用几截短铁丝把小筐挂在纸袋下面。②在筐里放一个罐头盒盖，在盒盖里面放一团酒精棉，并把它点燃。这时，自制的热气球就可以升空了。

小朋友，你知道这其中的原理吗？

290. 吹不翻的名片

一张半卷着的名片放在桌子上，你能将它吹翻吗？你一定会说这是个轻而易举的小事，但实际上却不那么容易。

需要准备的工具和材料：名片。

操作步骤：①把名片对折一下，成90度左右的角放在桌子上。②对着折角的空隙用力吹气，你会发现，名片不但不会翻过来，反而会更加牢固地站在桌子上。

这是怎么回事呢？

291. 不漏水的洞

有洞的水桶，因为漏水就不能用了，那有没有即使有洞也不会漏水的容器呢？

需要准备的工具和材料：塑料瓶、锥子、水。

操作步骤：①找一个带盖子的塑料瓶，用锥子在瓶子底部钻一个小孔。②用手指摁住小孔，把塑料瓶灌满水，水要一直装到瓶口，然后旋紧瓶盖，使瓶内没有存留的空气。③把手指从小孔处拿开，你会发现，水并没有从瓶子里流出来。

参考答案

256.拔火罐的秘密

玻璃罐里的空气有一部分受热膨胀后，就会跑掉了，玻璃罐扣上湿布后，里面的空气很快地凉下来，罐内的压强小于外面空气的压强，在内外压强差的作用下，湿布就好像被一只无形的手按住一样，掉不下来。拔火罐利用的就是这个道理。拔过火罐的人都会感觉到，在罐口有一股向上的拔劲，这股拔劲有活血化淤的奇效。

257.淘气的鸡蛋

热水的水蒸气把玻璃瓶里的空气排了出去，瓶内的空气密度减小，压强就减小。这时，瓶外的大气压强大于瓶内的空气压强。因此，鸡蛋就会钻进瓶子里。

258.简易气枪

当你把土豆推向玻璃管内时，管里的空气被压缩，压缩空气就从另一端冲出去，把堵在管口的土豆迅速顶了出去。

259.苍蝇拍上的孔

苍蝇的身上有很多细毛，它能灵敏地感应到周围空气的变化。当用有孔的苍蝇拍打苍蝇时，空气会从小孔中透过去，这时，气流的流动变弱，从而使苍蝇不易觉察到，因此容易打到苍蝇。

260.反射回来的小纸球

当你向瓶口吹气时，瓶中的气压增高，而同时在瓶口产生了低气压。在气压取得平衡的过程中，纸球就像气枪子弹一样被反射了回来。

261.气球的耳朵

被开水烫热的玻璃杯中充满了热空气，扣在气球上以后，杯口被密封，等里面的空气冷却了，体积缩小，使杯内的空气密度小于杯外，在杯外的大气压力的作用下，杯子被吸附在气球上。若用手指按压一下杯子边沿处的球膜，外面的空气进入杯内，杯子就会马上脱离气球了。

262.两根吸管喝水

我们用吸管来喝水时，嘴就好像是一个真空泵，吸气时，口腔内的气压就降低了，由于空气压力要保持平衡，外面的气压比口腔内的气压大，大气压压迫水的表面，就把水沿着吸管压到口腔里来了。如果我们的嘴里含两根吸管，那根露在杯子外面的吸管使你的口腔无法形成"真空泵"，换句话说，你的口腔这台"真空泵"漏气了，这样，你口腔中的压力和外面的大气压一样，水就依然原封不动地留在杯子里，当然，你也就喝不到水了。

263.不会溢出的啤酒

这个游戏是根据大气压力完成的。大气压力推挤杯中水面的力量正好等于瓶内所剩啤酒的重量加上瓶中空气所产生的压力，这两种力正好达到了平衡，所以瓶内的啤酒就不会再流出来了。

264.空气的影子

汽车、飞机、火箭、子弹等都在空气里运动，它们搅动着空气，形成旋涡，这些旋涡会影响它们的运动，但是，这些旋涡是无法被我们看见的。如果能看见这些旋涡，我们就知道该如何改进这些运动体的形状，以减少空气的阻力。而利用上述类似的方法，我们就能看见空气的阴影，对科学家改进这些运动体的形状有着很大的帮助。

265.死亡气体

从刚刚打开的汽水中冒出来的"气"是二氧化碳。所以，在汽水表面附近聚集着浓浓的二氧化碳层，而原先在杯中的氧气和其他气体都被挤到杯子外面去了。在二氧化碳气体中，任何生物都不能生存，火柴也不能燃烧。

266.反方向的氢气球

汽车里的空气是有一定质量和密度的。车子突然停下时，由于惯性，人会向前倾斜，空气也一样。而氢气球内氢气的密度小于空气，所以会在反作用力的推动下向后移动。同理，当车子突然发动时，人会向后倾斜，空气也会向后移动，氢气球就会在反作用力的推动下向前移动。

267.吹不灭的蜡烛

蜡烛火苗倒向漏斗，是因为运动着的气流会在与气流接触的物体表面形成压力，气流流速越大，压力越小；流速越小，压力越大。当你往漏斗中吹气时，空气沿着内壁往外涌，使漏斗中心的压力低，火车就被其他地方涌来的空气推向了漏斗那边。

268.瓶颈处的粉笔头

汽水瓶内本来就充满着空气，当你用力向瓶内吹气时，外面的空气往里钻，内部的空气就被往外赶。钻进去有多快，赶出来就有多快，钻进去有多少，赶出来就有多少。这两股气流的大小、速度始终相同，且都要从瓶颈部进出。由于粉笔的两端都是平的，截面积几乎相同，所受到的空气推力大小相等、方向相反，所以，无论你怎样用力吹，粉笔都不会移动的。把粉笔的一头削尖，是因为这样粉笔受

到的由外向内的空气推力就要比由里向外的推力大多了，粉笔也就能吹进去了。

269.学会封锁空气

水无法进入瓶子中，是因为瓶中残留的空气阻挡了水的进入。

另一方面，漏斗开口处前面的水分子的表面张力也不让空气流出。用手指按住吸管的一端，把另一端插入漏斗中，只要你一抬起手指，水就会立即进入瓶中，空气可以通过吸管向外溢。

270.自制保温箱

鞋盒中玻璃杯内的开水的温度下降得慢，是因为鞋盒的纸和放在鞋盒里面的棉花都是热的不良导体，而且减少了空气的流通，减少了热的对流和传递。

271.玻璃上的冰花

玻璃片放在热水杯上，杯中的水汽就会附着在玻璃片上，再把玻璃片放进冰箱，这时，玻璃上的水汽遇冷，就形成了冰。玻璃窗隔开了居室的内外，玻璃的两面处于不同的温度和湿度下，室内的空气热而潮湿，室外的空气冷且干燥。

冬天，玻璃周围的气温降到0℃以下时，屋内的水汽一碰上玻璃，就会缩成一团，紧贴在玻璃上结成冰，从而形成了我们看到的美丽的冰花。

272.鸣叫的蟋蟀

蟋蟀鸣叫的原因是因为它们用一侧翅膀的粗糙部分和另一侧翅膀的锐利边缘摩擦发出声音，而且摩擦的速度越快，其鸣叫的声音也就越高。在这个游戏中，锉刀相当于蟋蟀翅膀的

粗糙部分，塑料片相当于其锐利的边缘，当锉刀来回摩擦塑料片时，就会产生声音。

273.热水也能吹气球

这个实验是利用了只要加热空气的体积就会增大的原理。温度降低的话，塑料瓶里的空气就会被压缩，从而使大量的空气跑进瓶里。因此，放到冰箱里的塑料瓶里会进入比平时多得多的空气。另一方面，从冰箱里取出瓶子并往外面倒热水时，瓶里的温度会迅速上升，使瓶里的空气活跃起来。由于温度的上升，瓶里的空气体积增大，最终使气球鼓起来。

274.被吸起来的纸

当你用力向吸管吹气时，两张纸之间会产生一股强大的风。此时，这两张纸之间的气压会下降，因而周围的大气压力会使两张纸靠近，从而就像是被吸在一起一样。

275.自动旋转的纸杯

蜡烛燃烧时产生的热量使纸杯中的空气变热。空气受热就会上升，并顺着纸杯上剪出的扇叶口流出，而扇叶口周围的冷空气会不断地从扇叶口进入纸杯中。在冷空气和热空气对流的作用下，纸杯就自动旋转起来了。

276.叠在一起的杯子

虽然两只杯子的杯口不可能完全密合，但是由于水本身具有的表面张力，杯口之间的空隙会被填满，再加上外面大气压力的作用，就能做到滴水不漏了。

277.被砍断的筷子

这是压在报纸上的大气压力所引起的现象。当报纸和卫生筷之间完全密合时，空气就无法进入，卫生筷就被很大的力量压制住了，猛地敲击卫生筷，卫生筷露在外面的部分就会应声而断。

278.又大又结实的泡泡

用这种方法之所以能吹出又大又结实的泡泡，是因为含有糖和茶液的肥皂膜表面物质的连接力大大增强了，所以不易破裂。

279.沉入水底的蜡烛

蜡烛下沉是由于空气的压力。当杯口平压到水面上时，杯子里的空气就不会跑出来了，所以就会进入不到杯子中，当杯子继续下沉时，杯内的空气就会受到水的压迫，杯内空气的体积缩小，压强增大，这时，杯内气体的压强大于外面的压强，杯内压力会阻止水进入杯中，当杯口抵达水槽底部时，原来浮在水面的蜡烛也被杯内气体压力往下压，直到沉入水底。

280.巧剥鸡蛋壳

不同的物质在遇冷后有不同的收缩量。蛋壳内的蛋清和蛋黄，由于它们的软硬程度不同，其收缩量也不同。把刚煮过的鸡蛋放进冷水里，鸡蛋会马上收缩，由于蛋壳和蛋白的收缩程度不同，从而使蛋壳和蛋白发生了脱离，因此会比较好剥开。

281.吸不出水的吸管

当我们将吸管放入嘴里吸气的时候，口腔就形成部分真空，而瓶子里的水被盖子密封住了，这就使其不能与大气接触，此时，大气压就无法把水压到你的口腔里。因此，即使你有再大的力量，也是无法吸出水来的。

282.神奇的喷水可乐瓶

向瓶内吹气后，瓶内水面上的气压就升高了，于是，水就被挤入了另外一根吸管中，从而形成了喷水的现象。

283.吸水的玻璃杯

蜡烛燃烧使空气变热膨胀。接着玻璃杯里的氧气用尽，蜡烛因缺氧而熄灭了。由于蜡烛燃烧消耗的氧气多，产生的气体少，加上没有蜡烛燃烧的温度，玻璃杯内的空气就会逐渐冷却收缩，导致气压下降；为保持气压平衡，外面具有正常大气压的空气想进来，于是，就把盘子中的水挤进了杯子中。

284.制作降落伞

物体在降落的过程中，除了受到地球的引力以外，还要受到空气的阻力，因此，物体下落的速度与物体本身的质量和体积有关。在降落伞降落的过程中，伞会张开，此时，由于受到空气阻力的面积很大，因此，它会慢慢地降落到地面上。

285.哪个试管先热

当试管口向上时，被加热的空气向上走，冷空气就会流过来补充，热空气走到手指处，使手指感到很热，当试管口朝下时，热空气的传递不如前一个试管，所以感觉不到热。

286.吞吐火焰

一定量的气体在温度不变的条件下，其压强与体积成反比。

快速向下按时，易拉罐内的气体被压缩，压强增大，大于外界的气压，罐内气体从喇叭里吹出，火焰向外偏；反之快速向上提拉，罐内气压小于大气压，蜡烛的火焰就

被吞进喇叭里。

287.不会爆炸的气球

原来，气球被扎破时，溢出的空气会造成一股压力，橡胶和胶布对这种压力的反应各不相同。当压缩空气从气球扎破的地方冲出时，橡胶脆而薄，气球皮一下子就被撑破了，同时发出很大的破裂声。透明胶带比较坚固，它可以抵住压缩空气冲出所造成的压力，所以气球不会"啪"的一声爆炸。

这个游戏的原理，已经被人们运用到生产中去了，防爆车胎就是根据这个原理而制成的。

288.用手掌吊起的瓶子

在瓶子里注入热水，然后再倒掉，热水的水蒸气就会把瓶内的空气排空。随着瓶子的冷却，密闭的瓶子中的水蒸气凝结成水，瓶内的气压变小，而瓶外的气压却较大，所以瓶子就被轻易地压在手掌上了。

289.自制热气球

有心的小朋友会发现，这道题与前面的207题有相似之处，都是关于热气球升空的，其原理也是相通的。

热气球能飞上天，是因为热空气比冷空气要轻，所以热空气会带着气球飞上天去。

290.吹不翻的名片

吹出去的气体使名片下方的空气量减少，这样就使名片下方的压强降低，由于名片上方的压强是没有变化的，所以，无论你用多大的力气去吹它，都不会把它吹翻。

291.不漏水的洞

要想让水从小孔中流出，瓶里的水的上表

面的空气压力必须大于或等于小孔表面的空气压力才行。而这时，瓶里的水的表面受到瓶盖的保护而不受空气压力的影响，因此，虽然瓶底有小孔，但水仍然不会流出来。

第十一部分　你不知道的人体秘密

292.奇怪的竖线

有时候，你明明在作业本上用直尺画了条竖直的线，可是仔细一看，它却是倾斜的，这是为什么呢？

需要准备的工具和材料：笔、直尺、白纸。

操作步骤：①在白纸上用直尺和笔画一条竖线。②仔细观察所画的竖线，你会发现线条是倾斜的。

293.手指的力量

你相信吗？你只需用一根手指就能将坐在椅子上的人制服，让他站不起来。

操作步骤：①让你的朋友坐在椅子上，你用手指顶住他的额头。②让你的朋友站起来，不能向左右挪动，只能向前站。你会发现，无论你的朋友怎么用力，都无法站起来。

294.女生的力气更大

正常情况下，男生的力气要比女生的力气大，男生举不起来的凳子，女生应该也举不起来。但是，下面的例子正好相反，这是什么原因呢？

需要准备的工具和材料：两张凳子、一男一女两位同学。

操作步骤：①请两位同学各自用脚量出距墙根4个脚掌长的距离，站好。②靠墙根放两张凳子。③请这两位同学弯下腰，头贴着墙，然后用力举起凳子。结果发现女同学能把凳子举起来，而男同学却举不起来。

295.只能向后跳

向前跳跃非常简单，几乎人人都能做到。但是，你试过向后跳这样的跳跃方式吗？

操作步骤：用双手抓住脚趾，膝盖略微弯曲，试着用这种姿势向前跳跃，你会发现用这种姿势，可以向后跳跃，却无法向前移动半步。

这是为什么呢？

296.举起重物难唱歌

如果你举着重物，就无法唱出歌来。你知道这是为什么吗？

需要准备的工具和材料：杠铃。

操作步骤：把杠铃高高举起，然后唱歌，这时你会发现，平日想唱就唱的你现在却怎么也唱不出来。在做引体向上和俯卧撑的时候，你也唱不出歌来。

297.眼睛里的气泡

我们的眼睛里有气泡吗？大家一定会说没有。那么，到底有没有呢？做完下面的实验，你就知道答案了。

操作步骤：在一张硬纸板上扎一个针孔。通过针孔观看一个点燃的毛玻璃灯泡。在视线中，你可以看到奇怪的景象，有很多微小的气泡在你面前浮动着。

你知道为什么会这样吗？

298.管不住自己的手

手长在自己的身上，让它怎么动它就怎么动，可为什么有人会说管不住自己的手呢？

需要准备的工具和材料：曲别针、水果刀。

操作步骤：①把曲别针弄直后，弯成"V"字形。把它放在一把水果刀的刀背上。②把刀举到桌面上，让V形细铁丝的两腿轻轻地搁在桌子上，拿刀的手不要放在桌上或靠着别的东西。③一会儿工夫，你就会发现刀上的细铁丝好像会走路似的动个不停，而且你越想让手稳住不动，铁丝在刀背上就"走"得越快。这是什么原因呢？

299.镜子里的方向

站在镜子面前，我们可以很清楚地看到镜子里的方向和自己是相反的，但是，转换一下角度，方向却又变成一致的了，这是为什么呢？

需要准备的工具和材料：镜子。

操作步骤：①站在镜子面前，伸出你的左手，在镜子中就成了你的右手；伸出你的右手，在镜子中却成了你的左手。由此可知，镜子中的影像是左右颠倒的。②躺在镜子面前，你会发现镜子中的影像并没有左右颠倒。你的头和脚的位置与你躺下的实际方向是一致的。这是什么原因呢？

300. 眼疾手不快

明明看着钞票掉落下来，却无法用手指将其夹住，这是为什么呢？

需要准备的工具和材料：100元新钞票。

操作步骤：拿一张新的百元纸钞按横向对折。你用食指和拇指夹住对折钞票的一头，再请另一个人把食指和拇指放在钞票的两边，你一松手就让他把钞票夹住，夹钞票的那个人99%无法夹住钞票。

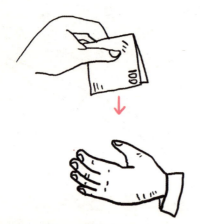

301. 打喷嚏

打喷嚏不全是感冒症状，有些人看着阳光也会打喷嚏。

操作步骤：在黑暗的屋子里待上一段时间，然后走到户外，一接受阳光的照射，尤其是当你看着阳光时，你一定会打一个大喷嚏！你知道这是为什么吗？

阿嚏

302. 站不起来的原因

坐在椅子上，你能轻而易举就站起来吗？如果按照下面的实验做，你是怎么也不可能从椅子上站起来的。你知道这是什么原因吗？

需要准备的工具和材料：椅子。

操作步骤：取一把不带扶手的直背椅，身体坐直，背靠椅背，双脚平放在地上，两臂交叉放在胸前。保持这种姿势，然后试着站起来，奇怪的是，你好像被粘在椅子上一样，站不起来了。

起立

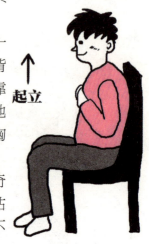

303. 膝跳的反射现象

当你翘起二郎腿时，搭在上面的小腿在橡皮锤的轻扣下能突然弹起，这是为什么呢？

需要准备的工具和材料：橡皮锤、椅子。

操作步骤：①坐在椅子上，自然地翘起二郎腿。②用橡皮锤轻轻敲上面那条腿的膝盖下方的韧带。③你会发现，小腿会出现突然弹起来的现象。

304. 为什么会流汗

在经过剧烈的运动后，我们通常会大汗淋漓，那么，你知道我们为什么会流汗吗？

需要准备的工具和材料：透明塑料袋、橡皮筋。

操作步骤：①赤裸着一只脚，然后把塑料袋套在脚上，并用橡皮筋扎紧塑料袋口。②在阳光充足的午后，把脚放在太阳底下晒，15分钟后，你会发现，塑料袋里有很多细小的水珠。

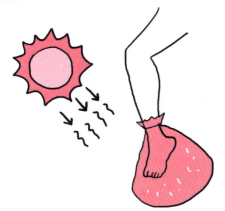

305. 走不直的原因

明明感觉是沿着笔直的方向向前走的，但实际上却总是在拐弯，这是为什么呢？

需要准备的工具和材料：遮眼睛的布条、木杆。

操作步骤：①找一个空旷、平坦的地方，把木杆插在地上。②用布条把眼睛遮住，然后再用手扶着木杆，围着木杆转3圈。③尝试着向一个笔直的目标走去，这时你会发现很难走直。

306. 看花了眼

我们在百货商场挑选商品时，总会被琳琅满目的商品所吸引，甚至不知该挑选什么样的东西，这就是大家常说的"看花了眼"。那么，你知道人们为什么会看花了眼吗？

操作步骤：取一个红色的物体放在阳光下，目不转睛地注视一两分钟，然后突然抬起头来，把眼睛转向白色的天花板。这时，你会看到天花板上飘浮着的一片蓝绿色。它的轮廓和红色物体一样，而且色彩非常鲜艳，这种颜色可以连续存在几秒钟；如果消失了，只要你眨一下眼睛，它就会再次出现。如果换一个绿色的物体重做这个游戏，在你的眼里就会浮现出一片红色，它的颜色比任何红绸布的颜色都鲜艳。

307.孔雀开屏

在动物园里看见的孔雀，有时会张开它那美丽的羽毛，形成一个圆形的屏障。这就是人们常说的孔雀开屏。其实我们通过实验也能做出孔雀开屏的样子来，你知道怎么做吗？依据的原理又是什么呢？

需要准备的工具和材料：硬纸板、竹筷子、胶水、彩笔。

操作步骤：①用彩笔在硬纸板上画一个"U"字形的图，用剪刀剪下，倒过来，作为扇面。②将竹筷子前端劈开一些，作为扇柄，把扇面插入扇柄。③用胶水在扇面两侧贴白纸，剪成倒过来的"U"字形。④用彩笔在扇子的一面画孔雀，另一面画孔雀开屏时的羽毛。然后快速搓动扇柄，你就能看到孔雀开屏的画面了。

快搓扇柄

308.人的反应速度

当我们在看到或听到某种信号时，无法瞬间就做出反应。实际上，完全将动作做出来是需要一段时间的。这段时间的快慢就是人们的反应速度。你的反应速度如何，通过做下面这个小游戏可以测出来。

需要准备的工具和材料：长直尺、硬纸板、彩笔、铅笔、剪刀、胶水。

操作步骤：①在硬纸板上画出尺子的轮廓，剪下来。然后等分成6份。②将6个部分依次用彩笔涂成紫色、蓝色、绿色、黄色、橙色和红色。然后在紫色部分写上"慢"，在红色部分写上"快"。最后，用胶水把纸粘在直尺上。③手拿住写有"快"的那一头，在你的朋友没有准备的情况下，放开尺子，让你的朋友试着用最快的速度去抓尺子。看看你能抓住尺子的哪一部分。

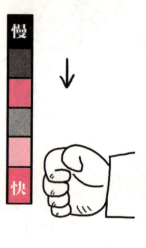

309.呼出的气

你相信吗？有人能用呼出的气把10千克重的东西升上一定的高度。下面我们做一个简单的实验来验证一下。

需要准备的工具和材料：塑料袋、书。

操作步骤：①在桌子上放一个结实的塑料袋，大小能放进两本厚书即可。②在塑料袋上面放上10千克重的书。③开始往袋里吹气（要注意，吹气口要小，这样吹起来容易一些，不需要费很大的力气），吹气要慢一些，均匀一些。这时你会发现你吹出来的气体进到袋子里以后，随着袋子慢慢地鼓胀，轻而易举地就把10千克的书举起来了。你知道这是为什么吗？

吹气

310.瞬间缩小的瞳孔

如果看见自己的瞳孔突然缩小了，你会不会感到很惊讶呢？为什么瞳孔会缩小呢？

需要准备的工具和材料：镜子、手电筒。

操作步骤：①手里面拿一面镜子，注视着镜子中自己眼睛里的瞳孔。②让自己的朋友拿着手电筒从侧面照射你的眼睛，在手电光照射你的那一刻，你会看到镜子里自己的瞳孔在迅速缩小。

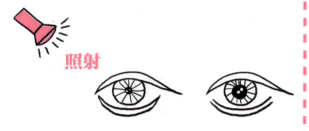

照射

311.落不下去的硬币

用双手手指夹住一枚硬币，无论你如何努力，它总是会掉不下去，这是什么原因呢？

需要准备的工具和材料：硬币。

操作步骤：①把双手合十，请别人在你中指以外的其他4根手指之间各夹一枚硬币。②紧紧夹住硬币，以防硬币掉落，然后向内侧弯曲两手的中指，使两根中指的第二个关节并拢。③依次放开手指之间的硬币，你会发现，只要中指的第二个关节不松开，无名指夹住的那枚硬币就绝对不会掉下来。

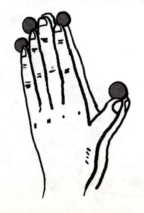

312.眼见不一定为实

俗话说"眼见为实，耳听为虚"，但有时候眼睛看见的也不一定是真实的。

需要准备的工具和材料：两支削尖了的铅笔。

操作步骤：①两手各拿一支削尖了的铅笔，笔尖相对，保持一段距离。②闭上一只眼，然后让两支笔尖相碰。你会发现，无论你怎么努力，两支笔尖都碰不到一起去。

你知道这是怎么回事吗？

313.消失的黑点

明明有东西放在眼前，为什么瞪大了眼睛也看不见呢？

需要准备的工具和材料：白纸、直尺、铅笔。

操作步骤：在纸上画两个齐平的黑点，两点相距10厘米；将白纸放在面前，用右手挡住右眼，让左眼对准右边的黑点；把纸向外移动，移到距离眼睛26~30厘米的地方，这时，原来左眼能看到的左边的黑点突然消失了；再换成右眼，按上面的步骤操作，发生的现象也是一样的。

314.盲点是什么

每个人的眼睛里都有一个盲点，那么，你知道盲点究竟是什么东西吗？为什么会出现盲点呢？

需要准备的工具和材料：硬纸板、彩色水笔。

操作步骤：①在硬纸的中央画一个大小为6毫米的"十"，然后在相距10厘米处画一个直径为6毫米的圆圈。②手拿硬纸放在右眼的正前方，距离大约15厘米，用右眼注视图中的"十"字形，闭上左眼。然后把纸缓缓移向自己，当移到距右眼10厘米左右时，再把图前后移动。③在一个合适的位置，右眼就看不见图左的圆圈了。此时，看不到的这一部分就是眼睛的盲区——盲点。

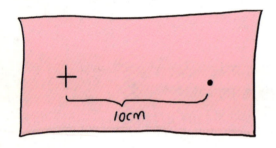

315.镜子里可怕的脸

如果镜子中出现了奇怪的脸，你是不是感到毛骨悚然啊？通过下面的小游戏说说其中的奥秘。

需要准备的工具和材料：镜子、书本。

操作步骤：①对着镜子，在鼻梁前放一本书，让书本与脸垂直，目的是将左右两眼隔开。②盯着镜中的眼睛看一会儿，你就会从镜中看到一张奇怪的脸——单眼脸。脸上只有一只眼睛，而且长在脸的中间！

是不是很难想象呢？你知道这是为什么吗？

316.三人不如一人

3个人的力量还比不上一个人的力量，这是真的吗？难道这个人是大力士？看完下面的游戏，你就可以明白了。

需要准备的工具和材料：长木棍、白纸、笔、剪刀。

操作步骤：①把纸剪成一个圆形，当作靶子，在圆心处画一个黑点当作靶心。然后把它放在地上。②让3个人握住木棍，把棍子竖直举起，一端对准靶心，保持50厘米的距离。③另一个人趴在地上，手掌对着棍子的下方。当手握棍子的3个人齐心协力直捣靶心时，趴在地上的那个人把棍子轻轻往旁边推。你会发现，不管那3个人怎么使劲，也抵不过趴在地上的那个人的轻轻一推，力气用得再大也无法使长木棍碰到靶子。

317.捡不起来的名片

看着掉在眼前的一张名片，你就是捡不起来，是不是很着急呢？想知道为什么捡不起来吗？那就和我一起做下面的游戏吧！

需要准备的工具和材料：一张名片。

操作步骤：①笔直地靠着墙壁站好，双脚并拢且脚后跟靠墙。②在脚前方大约30厘米的地上放一张名片。③不能移动脚，也不能弯曲膝盖，更不能借助其他物体，你能用手把眼前的这张名片捡起来吗？④最后你会发现，不管你怎样用力，都无法把名片捡起来。

318.缩短了的手臂

明明能碰触到墙壁的手臂，在一瞬间像缩短了很多，竟然碰不到墙壁了。难道真是手臂变短了吗？我们做个试验来验证一下。

操作步骤：①面对墙壁站立，调整好与墙壁之间的距离，使手臂伸直，指尖正好可以接触到墙壁上。②保持站立的姿势，向下摆动手臂到身体的后方，然后再将手臂恢复到原来的位置。当手臂恢复到原来的位置时，你会发现，手臂已经不能像刚才那样能接触到墙壁了！

你知道这是为什么吗？

319.骨骼听声音

我们是用耳朵去听声音的，但有人用骨骼也能听到声音，太神奇了。你知道这是怎么回事吗？

需要准备的工具和材料：棉花球、音叉、橡皮锤。

操作步骤：①拿两个棉花球把耳朵塞住，用手指甲轻轻刮触桌子。耳朵是很难听到刮划声的。②把手洗干净后，用手指甲轻轻刮触你自己的牙齿，这时你一定会听见很响的磕碰声。③用皮锤敲击音叉，使音叉振动，由于它的振动声很轻，这时由于耳朵里塞了棉花，你也是无法听见声音的。但若将音叉柄的末端分别抵住你的颧骨、头盖骨，都会让你清楚地听到音叉的振动声。一旦音叉柄脱离接触，声音就会立即消失。

320. 报纸上的字大了

当报纸上的字体太小，我们看不清时，我们通常用放大镜来看字，下面就来教你一种不用放大镜也能看清字的办法。

需要准备的工具和材料：针、黑纸板。

操作步骤：用大头针在一张黑色的纸板上扎上一个孔，紧靠在眼睛上进行观察。将一张报纸放在后面，像透过放大镜一样，你会发现，上面的字变大了，看上去更加清晰。

321. 托不起来的人

两个人轻而易举就能抬起一个人，但是在下面的实验中，这个人却很难被托起来，你想知道其中的原因吗？

操作步骤：使身体竖直站立，双手各握同一侧的肩膀，把胳膊肘尽量抬起放平。找两个力气大的人，一边站一个，托着你的胳膊肘，你会发现，无论他们如何用力，都不能把你抬起来。

322. 有趣的手指

有的人可以把手指关节掰得嘎嘣嘎嘣地响。可你知道吗，人手指上的任何一个关节都无法在5分钟内拉响两次。

需要准备的工具和材料：手表。

操作步骤：准备一块表，把表定上时间，再把手指的某一关节掰响，然后开始计时，5分钟过后，你始终不能把同一关节再次弄响。

这是为什么呢？

323. 写反了的字

人都会有一些习惯，而下面的这个习惯会让你大吃一惊。

需要准备的工具和材料：白纸，笔。

操作步骤：把一张纸片放在额头上，尝试把你的名字写在上面，结果会让你大吃一惊。因为你写出的名字是反的。

你能说出这是为什么吗？

324.叠在一起的拳头

你能将上下叠在一起的拳头分开吗？别看它们是用力叠在一起的，但只要用两个手指头，就能轻易将它们分开。你知道为什么会这样吗？

操作步骤：①请你的朋友把双臂向前伸直，然后双手握拳，一个拳头叠在另一个拳头上面，并告诉他一定要用力叠在一起。②在你的朋友用力叠在一起的时候，你用两根指头迅速地把朋友的手背往两边一拨，拳头就可以轻而易举地分开了。这个游戏的妙处在于对方越是使劲把拳头并在一起，你就越容易把它们分开。

325.甜味的盐

我们在食物中加入盐后，食物会变得咸一些，但在下面的实验中，加入盐后，食物反而变得更甜了，这是为什么呢？

需要准备的工具和材料：西瓜、盐。

操作步骤：把一个西瓜切成两份，在其中一份西瓜上撒上少许的盐，先吃完没有加盐的那份，再吃加了盐的那份，你会发现，加了盐的西瓜不但没有变咸，反而更甜了。

326.抬不起来的左脚

人们可以很容易地抬起自己的脚。但是，按照下面的实验来做，你就不一定能抬起你的左脚了。你知道这是为什么吗？

操作步骤：①把你的身体紧贴着墙壁站立，右腿绷直不能有任何弯度地靠在墙壁上。②保持这种姿势，然后试着抬起左脚，你会发现，只要你身体不动，左脚就抬不起来。

327.用手指识字

盲人可以学习盲文，你知道他们是怎么学习的吗？

需要准备的工具和材料：遮住眼睛的布条、硬纸片、针、笔。

操作步骤：①在硬纸片上写几个字，然后用针从反面在这些字上扎出整齐的能够凸显字形的洞。②用布条把朋友的眼睛遮起来，然后让他用手指摸硬纸片上的字。③经过仔细的触摸，你的朋友就能说出这几个字是什么了。

328. 一心不可二用

当你的脚在地上做画圈运动时，你会发现很难写出自己的名字，这是为什么呢？

需要准备的工具和材料：白纸、笔。

操作步骤：让你的脚在桌子下面画圆圈，同时试着用手写出自己的名字，你会发现很难做到。即使办到了，写出的字也是歪歪扭扭的。

写名字

画圈

329. 额头和大腿哪个热

额头的温度始终要比大腿的温度高，你知道这是为什么吗？

需要准备的工具和材料：体温计。

操作步骤：①把体温计放在额头上，测量一下温度，然后记录下来。②把体温计放在大腿上，测量一下温度，然后记录下来。③比较两处的温度，你会发现，大腿的温度没有额头的温度高。

330. 无痛的感觉

在寒冷的冬天，手裸露在外面时间长了，就会失去感觉，这是为什么呢？

需要准备的工具和材料：冰块、手表、削尖笔头的铅笔。

操作步骤：用手指夹住冰块大约两分钟左右，然后用笔尖戳其中一个手指头。你会发现，手指并没有被扎痛的感觉。

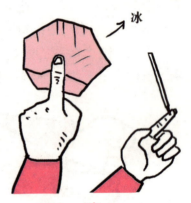

冰

331. 为什么笑了

当你挠别人的胳肢窝时，别人会禁不住哈哈大笑，那为什么当你在挠自己的胳肢窝时，自己却不会笑呢？

操作步骤：①挠你伙伴的胳肢窝，你会发现他笑得合不拢嘴。②用手挠自己的胳肢窝，自己却怎么也笑不起来。③当伙伴挠你的胳肢窝时，你也会像伙伴一样哈哈大笑起来！

332. 几根铅笔

当用铅笔轻轻扎别人手臂的时候，被扎的人猜不出是被几根铅笔扎的，为什么会出现这种现象呢？

需要准备的工具和材料：3根铅笔、小刀、胶带。

操作步骤：①用小刀将3根铅笔的笔芯削尖，然后把其中两根铅笔用胶带粘在一起。②蒙上朋友的眼睛，然后用铅笔轻轻碰触朋友手臂上的皮肤。③之后，让他回答是被几根铅笔碰触的。你将会得到不可思议的回答，因为他也不知道你是用几根铅笔扎的。

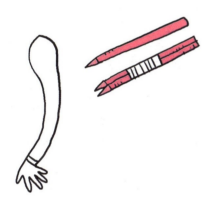

333. 自动举起的手臂

人在平常站立的时候，手臂总是垂直向下的，但在下面的游戏中，手臂是可以自动举起来的。是不是觉得不可思议呢？按下面的步骤操作，就可以实现了。

操作步骤：①站在门口，用你的手抵住大门，用力压住大门约一分钟。②放下手臂，放松自己。如果你没有下意识地抑制手臂，手臂就会自动举起来。

你知道这是怎么回事吗？

334. 变皱的皮肤

一般来说，人的皮肤长期泡在水里，就会变得又白又皱，你知道这是什么原因吗？

需要准备的工具和材料：海绵、碗、凡士林、剪刀、滴管、水。

操作步骤：①将长方形海绵的半边剪掉一半的厚度，让其呈现阶梯状，然后将其放在盛水的碗中浸湿。②把浸湿的海绵取出，拧干水分并晾干。在海绵较薄部分的表面，均匀地涂上凡士林。然后在较厚的那面滴上几滴水，仔细观察两处有什么不同。

通过观察你会发现，没有涂凡士林的海绵由于吸水而膨胀，表面产生了褶皱；涂抹了凡士林的表面，油脂挡住了水分，所以依旧很平整。

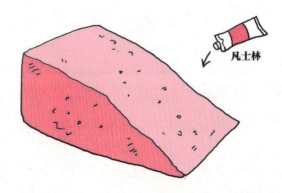

凡士林

参考答案

292.奇怪的竖线

这是著名的倾斜感应。虽然竖直的线条看起来有点朝外倾斜，但它实际上并没有倾斜。倾斜会引起我们方向感的错觉，使倾斜的效果变得更加强烈。

293.手指的力量

人要从椅子上站起来，上半身必须是向前倾斜的。因此，额头被手指按住时，人是无法站起来的。

294.女生的力气更大

女生的脚比男生的脚要小很多，当男生距墙根4个脚掌的距离时，弯下腰后，他的重心会离身体的支撑点较远，而女生在这种情况下，身体重心离支撑点要近得多。这样，男生和女生比起来，就处于十分不利的地位，尽管男生的力气大，但还是不能将凳子举起来。

295.只能向后跳

向后跳时，双脚首先要离地，也就是人体的支撑部分首先要移动，重心使身体仍然维持平衡状态，所以向后跳是能办得到的。但是要想向前跳，重心必须比支撑部分先移动，而你用双手握住脚趾，向前一跳就肯定会摔跟头了。如果人体的重心不移动而向前跳跃，腿部的肌肉必须十分有力，才能办到。这时，腿部不仅要使身体离开地面，而且在跳跃中还要支撑处于不平衡状态的身体，这是一般人很难做到的，如果不相信的话，你可以试一试。

296.举起重物难唱歌

人在举起重物时，胸部和腹部的肌肉被拉紧，人就会自然而然地屏住呼吸，这时就增大了腹压。呼吸道中有一个结构叫会厌软骨，在这时，它会使气管闭塞，而气管直接影响我们能不能唱出歌来，声音是通过会厌软骨下方的声带发出来的。当举重时，肌肉被拉紧，会厌软骨关闭，气流无法流动，所以唱不出歌来。做俯卧撑、引体向上和举重时唱不出歌来的道理也是一样的。

297.眼睛里的气泡

这并不是眼睛产生的错觉。那些东西就是我们眼中的尘埃在虹膜上的影子。由于它们比眼睛中的液体要重，所以在眨眼时，总是向下浮动，如果你把头歪向一侧，眼中的灰尘就会滑向眼角。这就证明，它们也是遵循重力法则的。

298.管不住自己的手

原来，人手上的肌肉常处于收缩和放松交替变化的状态。这种交替变化形成一种平时很难觉察出来的轻松颤动，而那个"会走路"的细铁丝实际上是把这种轻微的颤动放大了。你越想使劲控制让手不动，你的肌肉就会越卖力地"做功"，各部分肌肉处于紧张和松弛状态的差别也就越大，手的颤动也就越明显。

299.镜子里的方向

判断左右是以人的视觉习惯而言的。实际上，视觉分辨左右和分辨上下所用的是不同的概念。镜子不但变换了水平方向上的"左右"，其实也变换了垂直方向上的"左右"。假设向上的方向为右，向下的方向为左，你就会发现，原本在腹部的"右边"的头，在镜子中就变成了在腹部的"左边"。

300.眼疾手不快

如果我们把抓东西这个动作分解成"慢镜头"，就是眼睛看见钞票落下来的视觉先反映到大脑里，大脑再发出命令让手指接住。虽然这个过程不到一秒钟，但还是太慢了，等手指接到命令去抓下落的钞票时，钞票早已落到地上了。在特殊情况下，是可以及时抓住下落的钞票的，这就是你自己要身兼二职，一只手拿钞票，另一只手去接钞票才可能做到。在这种情况下，你的本体感觉（对自己身体动作的感觉）会自动调节两手的动作去抓钞票。当你一手拿钞票，另一手准备去接住时，手一松，大脑会立即命令另一只手去接住。这里不需要用眼睛看见后再去接钞票，不信你可以自己试试看。

301.打喷嚏

这是因为太阳照到的地方，尤其是被玻璃遮挡或围住的地方，那里的温度肯定是高的。因此，当那里的空气变暖、上升，就会从地上带起数以万计的大量的尘埃颗粒和毛发纤维。当一个人从暗处走向明亮的环境中时，如此细微的颗粒和纤维会在几秒钟内飘浮在人的面部，被人吸入鼻孔中，所以就会打喷嚏了。

302.站不起来的原因

你是无法站起来的。因为人坐着的时候，身体的重心就在脊椎的下方，如果想保持上身直立而从椅子上站起来，你必须把身体的重心移到小腿以上。人从椅子上站起来的那一瞬间，必须克服体重的巨大作用力才能站起来，在重心没有前移的情况下，人的大腿肌肉没有这么大的力量做到这一点。因此，人就像被粘在了椅子上一样，无法站起来。

303.膝跳的反射现象

当敲击膝盖下方的韧带时，大腿肌的肌腱和肌肉内的感受器接受刺激而产生神经冲动，神经冲动沿着神经传到脊髓里的神经中枢。神经中枢发出的神经冲动再传出，引起大腿上相应的肌肉收缩，使小腿前伸，从而出现小腿突然弹起的现象。这就是膝跳反射，是一种很正常的生理反应。

304.为什么会流汗

在阳光的照射下，脚部毛孔分泌出来的汗水会蒸发成水蒸气，水蒸气碰到凉凉的塑料袋就会液化，于是，就形成了小水珠。同理，当我们的皮肤表面有水分蒸发时，就会吸收皮肤表面的热，流汗就是让身体冷却的一种办法。为了让身体快速冷却，经过剧烈的运动后，流汗也会比较多。

305.走不直的原因

走不直是因为人的内耳平衡器官把你带入了歧途。当你的头部转圈时，内耳中的一种液体开始流动，使耳内的绒毛倒伏，并把这个过程报告给大脑，它就会使你做出相反的动作。如果身体转得很快，并突然停下来，液体会继续流动。即使你这时站直了身体，大脑的反应仍然像你在旋转时一样，使你无法走成一条直线。

306.看花了眼

人眼的视网膜上有一些专门负责感知颜色的视神经细胞，叫作锥形细胞。它们分为3类：一类只负责接收红色光，一类只接收绿色光，一类只接收蓝色光。当红、绿、蓝三色光按一定的比例同时进入眼睛的时候，大脑感知的是白色，如果红、绿、蓝按不同的比例射入眼睛的时候，就会产生各种不同的色感。

307.孔雀开屏

人的眼睛看东西具有一个特性，当东西消失后，视觉并不会立即消失，而是还要存在0.1秒，这种现象就叫作"视觉暂留"。在实验中，孔雀和羽毛的视觉不断重复地出现，连续起来就成了孔雀开屏的图案了。我们看的动画片，就是根据这个原理绘制而成的。

308.人的反应速度

当眼睛看到直尺下落后，信号就会传达到大脑，然后神经中枢做出"抓尺子"的运动指令，最后，手部肌肉接收到指令，我们才会去伸手抓尺子。这个过程所需要的时间，就是我们的反应速度。能够抓住紫色的部分，说明反应速度比较慢；抓住了红色的部分，说明反应速度很快。

309.呼出的气

如果这个塑料袋的尺寸足够大，而你又能吹出比一个大气压稍微大一点的气，就可以使袋子得到一个20千克的力。因此，可以很容易地举起10千克的重物。

310.瞬间缩小的瞳孔

人的瞳孔在暗处时会张大，以便尽可能地吸收更多的光线；在明亮的地方却只张开一点，这样可以阻挡光线，用于看清物体。人的眼睛对明暗是非常敏感的，手电筒一照，瞳孔就会立刻缩小。

311.落不下去的硬币

人手的构造很特殊，无名指不能单独行动，非受其他手指的牵制不可。韧带把无名指与其他手指连在一起，尤其是中指对无名指的牵制最大。中指不能动弹，无名指也动弹不了，硬币当然就被两手的手指卡住掉不下来了。有的人的手的韧带长，使无名指能自由地运动。钢琴家们的手的韧带往往较长，他们的中指被限制的时候，无名指仍然可以动弹。但是当食指、中指和小指的关节都挨在一起时，即使是钢琴家，也无法让无名指分开，使硬币掉落在地上。

312.眼见不一定为实

平时，我们用双眼观察事物时，物体具有立体感，眼睛可以测量出人与物体的距离。闭上一只眼，双目视觉的优越性就消失了，物体的远近就变得难以辨别，所以很难使两支铅笔的笔尖相碰。当然，如果闭上一只眼，反复进行练习，学会在新的情况下调节双手的动作，那么，闭着一只眼使两支铅笔的笔尖相碰也是可以做到的。

313.消失的黑点

在人的眼球后部，有一个无视觉细胞、无法感受到光的刺激的区域，这个部位被称为"盲点"。凡是外界物体投影在"盲点"上，影像就会从人的眼前"消失"。

314.盲点是什么

眼球的内侧后方有视网膜，在视网膜上面有感光细胞，只有外界来的光线落在视网膜上才能成像。当看不见图上的圆圈时，说明圆圈在视网膜上的成像刚好落在了盲点上。这个部分是视神经穿过视网膜的地方，没有感光细胞，因此不能成像，也就不能形成视觉，这在生理学上被称为盲点。

315.镜子里可怕的脸

原来，人的双眼能接受两个映像，但到了大脑，两个映像就自然地重叠起来了。现在，左右眼的视野被隔开，双眼的视线就平行了，左眼只能看到左眼的映像，右眼只能看到右眼的映像，重叠在一起，就感觉到只有一只眼睛了。

316.三人不如一人

这个游戏说明了不同方向的力各自起着不同的作用。把长木棍往旁边推的力和把长木棍往下捣的力是相互独立的。趴在地上的人用的力的方向与其他3个人用的力的方向并不是相反的，也不在同一条直线上，所以他只要轻轻一推，就能使木棍远离靶心。而其他3个人，无论用多大的力气，也无法正中靶心。

317.捡不起来的名片

当你靠墙站立时，你的重心落在了脚上。当你向前倾斜捡名片时，重心就会向前倾。这时，为了保持身体的平衡，你必须迈开脚步。然而，游戏中是不允许移动双脚的，因此，无论你怎样用力，都无法捡起前方的名片。

318.缩短了的手臂

你的手臂长短并没有发生变化，只是身体的位置发生了变化。我们的身体在我们将手臂摆到身后侧的时候，会发生微小的变化，那就是不自觉地向后倾斜。当你把手臂再次摆向前的时候，手臂和原来的位置是不可能重合的，这时你的手臂是无法像刚才那样接触到墙壁的。

319.骨骼听声音

通常，我们的耳朵所听到的声音是由物体振动引起空气的振动，振动的空气振动了我们耳朵的鼓膜，通过耳蜗传到听觉神经，最后被大脑感知。除了耳朵的听觉系统外，我们的骨骼也与听觉神经相通。手指甲与牙齿触碰的振动，是从牙齿经由颌骨传到听觉神经的。所以，即使耳朵被堵住，也能听到声音。

320.报纸上的字大了

这一现象的原理是光线的"衍射"。进入小孔的光线被拉长，所以报纸上的文字就被放大了。上面的清晰度来源于小孔成像的原理，类似于照相机的光圈，只有细长的光束可以通过，而干扰清晰度的边缘光线全部被挡在外面。这样的小孔设备，在必要时可以当眼镜来使用。

321.托不起来的人

胳膊肘远离人体重心，是不可能把人抬起来的。如果把胳膊收回到身体的两侧，就很容易把人抬起来了。放在身体前方的胳膊肘离身体的重心越远，克服体重的阻力所需要的力就越大。你会发现，就是这么短短的一点距离，就使你变"重"了。

322.有趣的手指

手指关节能发出响声是由于气泡破裂而引起的。人的手指关节中有一定量的液体，液体中溶解有少量的气体。当手指关节拉伸时，液体受到的压力就减小了，原来溶解在液体中的气体就从中跑了出来。但是手指关节中的气泡无法跑到别的地方去，再过大约15分钟，气泡又被手指关节中的液体吸收，所以你要想把手指头再次弄响，一定要耐心等15分钟才行，而在5分钟内是根本办不到的。

323.写反了的字

这种反常的写字方式和我们平时的习惯不同，它使你忘记了铅笔要是倒了过来，书写的方向也必须倒过来才行。出于习惯，你仍然从左开始，一笔一笔地向右写。因此，字体也就倒转了方向。

324.叠在一起的拳头

为了使双拳保持在一起的位置，对方必须在上下方向用力，几乎没有往左右两边用力，而你的进攻正是从左右两边发起的。你手指的作用力与对手的力来自不同的方向，所以你的手指用力虽然不大，却能发挥出明显的作用。

325.甜味的盐

其实并不是盐让食物变甜了，而是我们的感觉器官造成了错觉。味道是经由舌头上的"味蕾"感知的。如果持续给味蕾带来甜的刺激，那么，它对甜味的感觉会慢慢变迟钝。此时，如果给味蕾和甜味相反的刺激，会使味蕾对甜味的敏感度再次恢复。所以我们吃加了盐的西瓜，会感觉更甜。

326.抬不起来的左脚

人要抬起左脚，必须将身体的重心向右移。但在这个实验中，人的身体右侧刚好被墙壁抵住了，重心移不开，所以左脚就抬不起来。如果要强行抬起左脚的话，加在右脚上的力就会反过来使身体向左侧倾斜，人就会向左摔倒在地上。

327.用手指识字

手指端的皮肤非常灵敏，那里有很多神经感受器，能敏锐地觉察凹凸的变化。当手指接触到这些凹凸不平的笔画时，头脑中就会浮起字的形象。因此，即使不看纸上的字，也能用手指将每个字准确地辨认出来。

328.一心不可二用

此时，你手上所写的字是和脚的运动方向一致的圆圈。当脚的运动改变了方向，手的运动就会随着乱起来。因此，脚的运动会反映到你的字迹上。

329.额头和大腿哪个热

额头比大腿热，是因为人类的大脑容量很大，并且在人类的大脑里，有很多的脑沟，就是这些脑沟增加了脑的面积。我们如果想用大脑处理大量的信息，最好的办法并不是通过颅腔的直径来实验，而是多长些脑沟。由于我们不断地用脑工作，因此其表面多了很多的褶皱，这些褶皱增加了表面积，有助于脑血管散失掉因进行繁重的思考所产生的额外热量。所以额头的温度要略高一些。

330.无痛的感觉

冰块冷却了指尖上的皮肤。为了防止受冻，身体会做出反应，使与冰块接触的皮肤变得麻木。于是，触觉神经感受器不再向大脑发送有关信息。所以，人们无法知道被触碰物体的表面是平滑的还是粗糙的，也没有疼痛的感觉。

331.为什么笑了

被挠胳肢窝时，我们是否会发笑，取决于当时是否紧张。如果你全身保持放松的状态，即使被别人挠了胳肢窝，也是笑不出来的。而我们大多数人在被别人挠胳肢窝的时候，都会感到紧张，因为我们的身体对这种接触会感到不自在，这种不自在是你无法控制的，而且你还会担心被挠痒或挠痛。而有的人就不怕这些，因此他们不会紧张。自己挠自己不会发笑的道理就是如此，当我们自己挠自己的时候，我们知道我们自己是可以控制的，不会把自己抓疼或抓痒，即使疼了痒了，也很容易停下来。因此，如果你不想被别人挠胳肢窝时发笑，就闭上双眼，调整好呼吸，全身放松，这样，你就不会咯咯咯地笑起来了。

332.几根铅笔

人体皮肤上有感受触觉的神经末梢，它们广泛地分布在人体的皮肤中。在不同的部位其分布情况也是不同的。其中，在前臂皮肤和颈部皮肤中的触觉神经末梢分布得最少。当粘在一起的两根铅笔接触皮肤时，两点都处在同一触觉感受器的管辖范围内，因此，就会感觉只有一个触点的刺激，所以无法区分出是几根铅笔扎的。

333.自动举起的手臂

只有神经系统指挥肌肉收缩时，手臂才会举起来。当你的手臂压在大门上时，大门使你的手臂无法移动。当你离开大门，放松手臂时，你手臂的肌肉依然处于收缩的状态。所以，只要你没有下意识地控制手臂，它就会自动地举起来。

334.变皱的皮肤

人的皮肤上，有一层薄薄的皮脂，它可以防止皮肤直接从外界吸收水分。由于手指和脚趾没有皮脂腺，无法挡住水分，所以遇水后就

膨胀、褶皱了。

第十二部分　神奇的天文地理现象

335.冰河解冻

在我国大部分地区，一到寒冷的冬天，河流就会出现结冰的现象。当春暖花开的时候，冰河开始解冻，冰河解冻的情景非常壮观，你一定想见识一下吧。下面我们就来做一个模拟冰河解冻的实验。

需要准备的工具和材料：玻璃杯、沙子和少许石块、水、冰箱、长木板、长钉子、橡皮筋。

操作步骤：①在玻璃杯中放入沙子和少许石块，大约2.5厘米高，然后再加入5厘米左右深的水。②将玻璃杯放入冰箱中，让"河水"结冰之后取出来；加入同样多的水，再次放入冰箱结冰，反复几次，直到杯子满了为止。③取一块长木板，在木板一端钉入半截长钉子，反转放在地上，让长木板形成一个斜坡。④将做好的冰河模型放在温水中稍稍加热，脱离玻璃杯倒出；之后用橡皮筋套好冰河模型，橡皮筋固定在木板上。你会看到，在室温下，冰河模型开始融化。而且，开始融化的冰河模型中的石头和沙子会掉出来，洒在木板上。

请问，你知道这美丽的冰河解冻的壮观景象是怎样形成的吗？

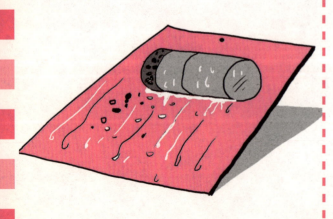

336.天外飞来的陨石

我们经常听说陨石，可是你见过吗？陨石是宇宙中的流星脱离原有的运行轨道或成碎块状散落到地球上的石体，是从宇宙空间落到某个地方的天然固体，它的破坏力很强。下面，我们一起做一个陨石落地的游戏，并请你说说陨石为什么会对地球产生威胁。

需要准备的工具和材料：脸盆、玻璃球、细沙。

操作步骤：①把细沙倒在脸盆里，均匀地平铺。②瞄准脸盆中央，向细沙上投掷玻璃球，观察被砸出的坑的大小。③把细沙弄平，走到较远的地方换不同的角度再投几次，你会发现玻璃球投掷的距离越远，且速度越快时，砸在细沙上的坑就越深。

337.雷声的由来

在多雨的夏季，经常会打雷，你知道雷声是怎样产生的吗？我们能不能模拟出雷声呢？

需要准备的工具和材料：纸袋、橡皮筋。

操作步骤：①将纸袋吹鼓，然后用橡皮筋扎紧纸袋口。②用双手从两边同时用力拍打纸袋，纸袋就会发出"嘭"的一声爆炸声。

338.燃香计时

在古代，人们没有手表之类的计时工具，为了计时，古人想出了"燃香计时"的办法。那么，如果一根香烧完的时间是一个小时，你怎样才能确定一段45分钟的时间呢？

需要准备的工具和材料：两根粗细均匀的香、火柴。

操作步骤：①将两根香同时点着，但其中一根要两头一起点。②当两头一起点的香燃尽时，将剩下的那根香的另一头也点燃，这根香燃烧完，总共的时间正好就是45分钟。你知道这是怎样计算出来的吗？

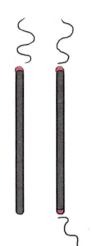

339.月晕的形成

在晴朗的月夜，我们会看到月亮周围有个大光环，那个大光环叫作月晕，那么，你知道月晕是怎样形成的吗？

需要准备的工具和材料：水、六角形蜂蜜瓶。

操作步骤：①把六角形蜂蜜瓶装满水，让瓶子的一边对准月亮。②仔细观察瓶子，你会看到像冰凌一样的六角形体，瓶子内部的一面上出现了月亮的全部反射。

340.干燥的沙漠

在茫茫的沙漠中，除了仙人掌，我们很少能看见绿色的植物，你知道这是为什么吗？

需要准备的工具和材料：塑料管、木板、透明胶带、盆栽、漏斗、电吹风。

操作步骤：①将塑料管折成U形，然后用胶带将它固定在木板上。②把塑料管的一头插进植物盆栽中，另一头插上漏斗，注入适量的水。③打开电吹风，对着叶片吹，不一会儿，植物就开始向外散发热气，这时，塑料管中的水就减少了。

341.地震的破坏性

地震的破坏性相当严重。在发生地震的时候，感觉先是上下晃动，然后是左右摇摆，知道这是为什么吗？

需要准备的工具和材料：桌子、若干书本。

操作步骤：①在桌面上放一摞书，用力左右摇晃桌子，你会发现书马上就被晃倒了。②再和朋友一起上下移动桌子，会发现书虽然会歪斜，但不容易倒。

342. 月亮下的图案

每月农历十五，在月亮很圆的时候，仔细观察月亮，我们会发现月亮上有一些模糊的图案，难道月亮上真的有亭台楼阁吗？如果没有，为什么会出现那些图案呢？

需要准备的工具和材料：厚卡纸、黑墨汁、小刷子、铅笔、圆规、剪刀、双筒望远镜、深色背景的大纸。

操作步骤：①把纸铺在地上，用小刷子蘸上黑墨汁，慢慢地甩到纸上。②等纸上的黑点干了后，用铅笔在纸上画出淡淡的对角线，以交叉点为圆心，用圆规画一个圆，并将它剪下来，固定在深色背景的大纸上，然后粘在墙上。③站在3米远的地方，闭上一只眼睛，用眼睛观察圆纸上的黑点，你会发现黑点变成了一些图案。但是用双筒望远镜观察时，图案又看不见了。

343. 发光的行星和卫星

我们看到的天空中的星星并不都是恒星，有一些是行星和卫星，比如月球。那么，它们是如何发光的呢？

需要准备的工具和材料：白纸、纸箱、书本、手电筒。

操作步骤：①将一张大大的白纸贴在墙壁上，利用这张纸做成屏幕，纸张最底端正好与地板连接。②把纸箱放在屏幕前大约30厘米处，用胶带把另一张白纸贴在纸箱的一面，并让这一面对着屏幕（代表行星的表面或大气层）。③把书本放置在屏幕一侧靠近墙壁处，再用手电筒斜放在书本的上方，让灯光以一个角度投射到纸箱上的白纸正中央。④打开手电，关闭房内的光源观察屏幕。然后关掉手电筒，屏幕就不亮了。

344. 月有阴晴圆缺

月亮在一个月中出现的形状是不同的，有时圆有时缺，有上弦月有下弦月。那么，你知道月亮为什么会有这么多的形状吗？

需要准备的工具和材料：台灯、小皮球、铅笔。

操作步骤：①把铅笔的笔尖插在小皮球的缝隙中。②打开台灯，在距离台灯半米远的地方用铅笔举起皮球，缓慢地移动皮球，使其绕头旋转一周，你会发现，随着皮球的移动，皮球的阴影也在不断地发生变化。

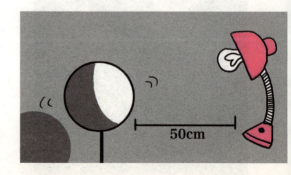

50cm

345. 模拟"日食"

日食是一种天文现象，你知道为什么会出现日食吗？现在我们就来模拟一下日食现象，做完这个游戏后，请你说说其中的原理。

需要准备的工具和材料：乒乓球、厚纸板、小刀、台灯。

操作步骤：①在厚纸板上刻一个乒乓球大小的洞。②打开台灯，关掉室内的其他光源，用厚纸板盖在台灯上，使灯光可以透过圆洞。③拿着乒乓球缓慢地从圆洞前滑过，挡住从圆洞射出的光线，就好像发生了日食一样。

346. 被污染的空气

我们经常提起空气污染，那么你知道空气主要被什么污染了吗？

需要准备的工具和材料：厚的硬纸板、凡士林、锥子、细绳、放大镜、油漆刷。

操作步骤：①用锥子在硬纸板的边缘扎一个孔，将细绳从孔中穿过去，打结系牢。②用刷子在硬纸板上涂一薄层凡士林。③将纸板系在道路边的树上，第二天取下纸板，先用肉眼观察，再用放大镜观察，看看纸上到底沾染了多少脏东西。

347. 天上的星星

在晴朗的夏夜，仰望夜空，繁星点点。但是这些星星并不全是会发光的恒星，也有一些不会发光的行星。那这些行星是如何亮闪闪地"发光"呢？

需要准备的工具和材料：手电筒、黑纸、剪刀、笔、玻璃。

操作步骤：①把手电筒前的玻璃用黑纸遮住，中间剪一个黄豆大的小孔，再把手电筒固定在桌子上，手电斜对着白墙。②打开手电开关，在被手电光照射的墙上用笔做个记号，然后将一块玻璃直立在桌子上，使它与墙平行，让手电光穿过玻璃再射到墙上，再做个记号。③比较两次光照的位置，我们会发现，它们并不在同一点。这说明光通过玻璃后转变了方向。如果我们把几块玻璃叠在一起，接着做游戏，就会发现，光通过的玻璃越多，弯拐得就越大。

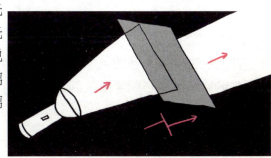

你知道为什么会这样吗

348.山脉的形成

在我们赖以生存的地球上有此起彼伏的山脉，雄伟壮观。那么，你知道这些山脉是怎样形成的吗？

需要准备的工具和材料：塑料花盆、土、小刀。

操作步骤：①用塑料花盆盛半盆土，浇些水后置于阳光下曝晒。②不久，花盆表面的土就干成一层硬块，用小刀从中间将硬块划开一道口，再用双手在塑料花盆两侧轻轻地挤压，你会发现，两个硬块在挤压的作用下，接触的部分隆了起来。

349.晚来的春天

在同一纬度的地区，春天到来的时间却不相同，有的地方春天会提前，有的地方春天则会晚些到来。那么，你知道春天为什么会晚来吗？

需要准备的工具和材料：一杯深色的土和一杯浅色的沙子、玻璃盘、没有灯罩的灯、两支温度计、铅笔和纸。

操作步骤：①把玻璃盘放在灯旁边；盘子的一半装深色的土，另一半装沙子。②在两边各插一支温度计，然后记录每一边的温度。③打开灯，照射盘子30分钟，然后比较所测温度和开始时测的温度。你会发现，深色土明显比浅色沙子的温度要高。

350.移动的地壳

地壳是不断运动的，有时候，地壳的不规则运动会引发地震，地震会给人们带来极大的危害。下面我们就来做一个模拟地壳运动的实验。

需要准备的工具和材料：剪子、黏土、纸张、鞋盒。

操作步骤：①把准备好的纸按长60厘米、宽30厘米的尺寸剪好。②在鞋盒底部中央外开一个宽2厘米、长8厘米大小的口；在盒的侧面开一个能伸进一只手大小的洞，把盒反过来，使底部朝上。③把剪好的纸条折成一半后，从底部的开口处插进去，再向上拉出两端，拉出长度为8厘米。④在纸的两端，各放上黏土（铅笔粗细的程度），然后把盒内的纸条夹在两手指之间，慢慢地向上推。你会发现，往上推纸的时候，黏土会随着纸往两边移动，纸被推得越高，黏土间的距离也就越远。

请问，你知道这是怎么回事吗？

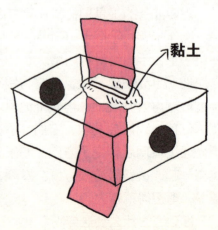

黏土

351. 制作日晷

日晷是利用太阳投射的影子来测定时刻的装置，下面，我们来自己动手来做一个日晷吧。通过下面的小游戏，你能说出日晷是怎样做出来的吗？

需要准备的工具和材料：硬纸、橡皮泥、胶水、锥子、木棍。

操作步骤：①在硬纸长边一侧的中心下面放一块橡皮泥。用锥子穿过硬纸插进橡皮泥里，钻出一个洞。②将木棍直立插入洞中，并用胶水固定好，作为指针。③在光照充足的上午，把做好的日晷放在室外。每当整点时，沿指针投下的阴影画一道线，并在旁边注上时间。一天下来，你的日晷上就有了均等间隔的一组线。然后，你就可以用日晷测量时间了。

352. 宇宙黑洞

宇宙中有一种被称为"黑洞"的物质，它有着很强的磁场和引力，不断地吞噬着大量的星际物质。那么，你知道宇宙黑洞是怎样形成的吗？

需要准备的工具和材料：两个塑料瓶、剪刀、气球、冰箱。

操作步骤：①把两个塑料瓶用剪刀从中间截断，选用有底的那部分。②让气球口向上，装进瓶里后给气球吹气，气足后扎好气球口。③把其中一个瓶子放到冰箱里，一个瓶子放在室内的桌子上。④半个小时后，从冰箱里拿出瓶子（瓶子在冰箱里的时间越长，效果就越好）。我们可以发现，放在桌子上的气球没有什么变化，而放在冰箱里的气球由于收缩，钻进瓶子里了。

353. 彗星的尾巴

天空中出现的彗星，总带着一条长长的尾巴，就像扫把，因此民间称彗星为"扫把星"。那么你知道彗星为什么会有尾巴吗？

需要准备的工具和材料：乒乓球、筷子、毛线、小刀、电扇、胶带。

操作步骤：①用小刀在乒乓球上挖一个小洞，将筷子插入洞中，并用胶带粘牢。②将几束毛线用胶带粘在乒乓球上。③打开电扇，将乒乓球举到电扇前。此时，你会发现毛线飘了起来。

吹风

354. 厄尔尼诺现象

厄尔尼诺现象是一种极具破坏性、影响范围极广的反常气象。你知道这种现象是如何形成的吗？

需要准备的工具和材料：长方形玻璃缸、热水、红墨水、杯子、滴管。

操作步骤：①将玻璃缸内注满水。②在装有热水的杯子里加入红墨水，这时，水被染成了红色。③用滴管将染成红色的热水滴在玻璃缸的水面上，然后对着水面吹气。几分钟后停止吹气，你会发现，玻璃缸里面出现了两个不同的水层。

355. 昼夜交替现象

生活在地球上的我们，对于昼夜交替现象再熟悉不过了。虽然每天都要经历白昼与黑夜，但你知道形成这种现象的原因是什么吗？

需要准备的工具和材料：手电筒、柚子、细长木棍。

操作步骤：①用一根细长木棍从柚子中心穿过，作为柚子的轴。②在一个漆黑的房间，打开手电筒，让光照在柚子上。③缓慢地转动木棍，带动柚子转动起来。你会发现，手电筒所发出的光时刻都能照射到柚子的某一部位，并且是明暗不断变换。

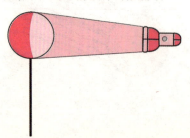

356. 测量降雨量

在收听天气预报时，我们常常会听到"今天的降雨量为多少毫米"的信息，那么，你知道什么是降雨量吗？降雨量是怎样监测到的呢？

需要准备的工具和材料：塑料碗、锥子、铁罐、玻璃瓶。

操作步骤：①在口径为20厘米的塑料碗底部穿一个比玉米粒稍大的小洞，然后将碗放在一个无盖的铁罐子上。②在罐内放置一个玻璃瓶，瓶口与碗底的小洞相接。这样，一个简易的雨量筒就做好了。③简易雨量筒做好后，将它放在离地面70厘米的高处（筒口距地面的距离）接雨水。雨停后，用秤称出瓶中的水重，30克水相当于1毫米的降雨量。

357. 地表岩石的由来

地球表面上存在着大量的岩石，那么，这些岩石是从其他地方运动而来的，还是本身就存在于地表上呢？

需要准备的工具和材料：可乐瓶、空胶卷盒、大头针、圆规、小刀、水、油。

操作步骤：①用小刀将可乐瓶从中间切断，留下有底的部分，并注入一半的水。②将油灌入胶卷盒中，并用圆规在胶卷盒上扎几个洞。③将大头针插入胶卷盒的盖子上，捏着大头针，将胶卷盒推入可乐瓶的底部。结果油从胶卷盒的洞口冒出来了，漂浮在可乐瓶的水面上。

358.保护臭氧层

近年来，由于地球的温度不断升高，导致了全球气候变暖，地球上的各种天灾明显增多。这些都和臭氧层被破坏有关。臭氧层是地球的一层保护膜，它担负着保护地球生物不受紫外线辐射的巨大使命。下面我们就来做一个关于臭氧层的游戏。

需要准备的工具和材料：口香糖、玻璃瓶、水。

操作步骤：①把口香糖放进嘴里，经过充分咀嚼软化后取出，并将它捏成圆形。②在一个玻璃瓶中加入热水，用口香糖覆盖住瓶口，注意不要留下缝隙。③稍稍倾斜玻璃瓶，让瓶中的热水触碰到口香糖。这时，我们用放大镜来观察口香糖的变化，口香糖接触热水后，逐渐失去弹性，慢慢形成破洞，最后逐渐分裂开来。现在你知道臭氧层是怎样被破坏了的吧？

热水

359.酸雨危害大

酸雨的形成是空气污染的结果，它具有很强的腐蚀性，对一些裸露的建筑物有很大的危害。下面这个实验可以帮助我们了解酸雨的危害有多大。

需要准备的工具和材料：玻璃杯两个、清水、柠檬汁、汤勺、粉笔两支、针。

操作步骤：①在一个玻璃杯中注入2/3的水和一汤勺柠檬汁，然后搅拌均匀，在另一个杯中只放水。②取两支长度相同的粉笔，用针在上面分别写上"A"和"B"，然后放入两个玻璃杯中，注意要对应放置。③24小时后，倒出溶液，对比一下两支粉笔。我们会发现，放入盛有柠檬汁玻璃杯中的粉笔上的"A"由于变软，已经看不清字迹，而刻有"B"的粉笔，字迹还很清晰。你知道这是为什么吗？

柠檬汁

360. 岩浆喷发

"岩浆"就是岩石熔化后积存在地下的热的液体。岩浆可以随着地壳的活动而移动到地壳的不同深处，再冷凝结晶，也可以向上喷发，溢到地表再冷凝固结。我们很难看到岩浆的喷发过程，但是我们可以通过一个小实验来了解它，实验后，请你说说这是什么原理。

需要准备的工具和材料：半管牙膏、锥子。

操作步骤：①将牙膏盖紧，用手指用力压牙膏，你会发现，牙膏从手指压着的地方被推出来，并使周围发胀。②用锥子在靠近牙膏盖的地方钻一个小孔，把牙膏用力往上挤压。③如果钻孔之后用手指推压，牙膏就通过孔被挤出来，并沿着侧面往下流。

361.霜的形成

在深秋时节的早上，我们会发现屋外的一些物体被一层白色的东西笼罩着，那就是霜。你知道霜是怎样形成的吗？

需要准备的工具和材料：玻璃瓶、少许冰块、盐、温度计、湿布、筷子。

操作步骤：①在玻璃瓶里装入一些冰块，再加入一些盐，用筷子搅拌，使它们均匀混合。②摊开一块湿布，在下面放上一双筷子，调整筷子的距离，让玻璃瓶可以稳稳地放在筷子上面。③测量一下玻璃瓶中冰盐混合物的温度，它应该在0℃以下。④仔细观察玻璃瓶的变化，不一会儿，你就会发现在玻璃瓶的外壁上出现了白色的霜雾。

362.潮起潮落的奥秘

对大海熟悉的人都知道，海水有涨潮和退潮现象。涨潮时，波浪滚滚，一浪赶着一浪，景象十分壮观；退潮时，海水悄然退去，露出一片柔软的海滩，景象十分浪漫。这就是潮汐现象。那么，你知道潮汐是怎样形成的吗？

需要准备的工具和材料：盆、水、小碗、勺子。

擦作步骤：①在盆中注入10厘米左右深的水，将小碗浮在盆里并往碗中加入1厘米深的水。②用勺子慢慢搅动小碗，尽量将碗保持在盆的中央。然后加快旋转速度，最后停下来。仔细观察，我们会发现碗里的水沿着碗边升起，并随旋转的速度不断被甩出碗外。当速度慢下来时，碗侧的水就会慢慢回流。

363.自制晴雨花

天气变幻莫测，一会儿晴朗，一会儿又刮风下雨，没有一个固定的规律，如果能有个测天气的工具就好了。

需要准备的工具和材料：粉红色纸、浓盐水、花盆、剪刀。

操作步骤：①用一张粉红色的纸，剪成一朵纸花。在花上涂上浓盐水。②把纸花插到花盆里。③观察纸花颜色的变化，就可以知道天气变化的情况：花的颜色变淡，天气将会放晴；花的颜色变深，则会出现阴天或雨天。

知道这是什么原理吗？

364.制造出来的云雾

雨后初晴，眺望远处的山峰，只见山峰顶处有淡淡的云雾笼罩，飘渺如仙境。下面，我们就来做一个制造云雾的游戏，并请你说出这样做所依据的原理。

需要准备的工具和材料：大小铁罐各一个、冰、食盐、手电筒。

操作步骤：①把小铁罐放进大铁罐里，把食盐和冰块按3∶1的比例配制好，然后放进小铁罐与大铁罐之间的空隙里。这样，就做好了你需要的小冰箱。②一会儿，小铁罐里的空气就会冷却下来。这时，对着小铁罐吹几口气，把水蒸气带进小铁罐里。③由于小铁罐里的温度很低，水汽凝结成了小水滴，就形成了淡淡的云雾。这时，用手电筒照射小铁罐，就能很清楚地看到自己制造出来的云雾了。

365.湿度计的做法

空气有时湿润，有时干燥，但是，无论在什么情况下，空气中都是含有水蒸气的，请问，怎样才能知道空气中的水蒸气含量呢？

需要准备的工具和材料：硬纸板、温度计、胶水、瓶盖、棉花、胶带、水、直尺。

操作步骤：①用直尺在硬纸板上画两条距离相等的直线。用胶带把两支温度计并排、等高地粘在纸板上，两支温度计相距8~10厘米。②把饮料瓶盖用胶带固定在一支温度计下约3厘米处。③将纸板立起，棉花在水中浸湿后放在饮料瓶盖中，然后向里面加水，湿度计就做好了。静置一段时间，你会发现，没有放棉花的一边的温度计的读数更高一些。

366.变化的天气

天气变化无常，那么，你知道天空中为什么会下雨下雪吗？下面我们就来做一个小实验，模拟一下雨的形成。并请你说明雨形成的原因。

需要准备的工具和材料：盘子、铁锅、清水、燃气灶。

操作步骤：①将一个没有水的盘子放入冰箱中冷却，然后用燃气灶烧一锅开水，待开水沸腾的时候，把冰箱里的盘子取出。②将盘子放在水蒸气不断上升的铁锅上方约10~15厘米处；过一会儿，我们就可以发现盘子底部凝结了很多小水滴，水滴越来越多，当水滴越积越大时就滴落下来，变成了"雨"。

参考答案

335.冰河解冻

在真实的冰河解冻过程中，冰河中的巨大冰块由于自身的巨大压力产生热，会融化掉冰的一部分。虽然融化掉的冰还会继续冻结，但是由于河流的长度和深度，所以一直都有冰在不断地融化，这些融冰形成很大的力量推动大冰块滑行，让冰河解冻形成很壮观的景象。

336.天外飞来的陨石

动能与物体的质量和速度成正比，所以高速运动的物体的动能很大。在这个游戏中，玻璃球投掷的距离越远，速度越快，细沙表面上的坑就越深。因此，高速飞行但体积不大的陨石能在地球表面上砸出许多深浅不一的陨石坑，而体积稍大的陨石就可能对地球产生严重的威胁。

337.雷声的由来

声音是由振动传播的。闪电是出现在天空中的巨大的电火花，是由带不同电荷的云摩擦放电引起的。当闪电发生时，闪电周围的空气快速受热膨胀，从而发出爆裂声。由于声音在空气中的传播与振动，闪电下方地面上的人会听到云层中发出噼啪声，而远处的人则会听到轰隆隆的雷声。

338.燃香计时

当两头一起点燃的香燃尽时，时间正好过去了半个小时，只点一头的那根香正好也燃烧了半个小时，另一头也点燃后，就只能再燃15分钟了。这样，两根香全部烧完的时间正好是45分钟。

339.月晕的形成

月光透过大气中六角形冰凌组成的薄云射向地球，但只通过六角形的一面完全反射。我们所看到的，是以光环形式所反射出的无数幻影。在晚上，我们也可以通过结霜的窗户看见点燃的灯笼周围有这样的小光环。

340.干燥的沙漠

塑料管中的水之所以减少是因为水分从叶片上的微孔里蒸发了。在沙漠里没有绿色的植物是因为缺乏水分。沙漠中的仙人掌没有叶子，水分流失得比较慢，所以能在沙漠中存活一段时间。

341.地震的破坏性

这个游戏说明了地震的破坏性。地震分为左右晃动和上下晃动，使地面上下移动的地震波称为纵波，左右移动的称为横波。但我们发现，横波的破坏力比纵波的破坏力要大。

342.月亮下的图案

我们在看东西时，有时会把空间位置和逻辑上不同的事物联系在一起。当我们用肉眼观察月亮的时候，它表面上的一些不规则的黑点或暗斑会因为与我们距离较远而变得模糊起来，在我们的视觉上就形成了熟悉的形状和图案。但如果用望远镜观看，视线比较清晰的时候，这些图案就看不见了。

343.发光的行星和卫星

在这个实验中，屏幕看起来是明亮的，并不是因为它发出来的光，而是因为纸箱上的白纸反射手电筒的灯光，并投射到屏幕上而已。同样的道理，行星本身并不发光，它是因为反射了太阳光而变亮。因此，行星要比恒星暗得多。如果没有太阳，我们就看不到它们的亮光了。

344.月有阴晴圆缺

在这个小游戏中，皮球代表月亮，灯泡代表太阳，自己的头代表地球。皮球上的阴影从无到有、从少到多，再从多到少、从有到无，说明随着月亮围绕地球转动，其相对的位置也在不停地变化，反射太阳光的部分有时增加，有时减少。所以，从地球上看，月亮会出现不同的形状。

345.模拟"日食"

在这个小实验中，灯泡从圆洞中透出的光相当于太阳，乒乓球相当于月亮，眼睛则代表地球上的观察者。当地球、月亮与太阳排成一条直线时，就会出现日食现象，因此，我们就看不见太阳了。

346.被污染的空气

通过放大镜，我们发现，在纸板上会看到灰尘和一些黑色的微粒和油污。这些微粒来自于汽车的尾气及其燃料的燃烧，而油烟则来自于工厂排出的废气。人类生活、烹饪、取暖等活动排出的二氧化碳和颗粒物，工业生产中产生的烟尘和废气，农业生产所用的农药、化肥等，都是大气污染物的重要来源。

347.天上的星星

那些固定不动的没有眨眼睛的是行星。它本身并不发光，是靠反射太阳光才发亮的。虽然它们的体积小，但比恒星离地球近得多，所以看上去就比恒星大多了。因此，它们照射到地球上的，就不是一小束，而是

许多束光。有些光通过变幻的大气层也会发生折射，但在某一时刻，一些光束无法射进我们的眼睛，另外一些光束却正好射进我们的眼睛，光束间相互弥补，我们就感觉行星有明暗的变化，行星就不会"眨眼"了。

348.山脉的形成

地球的表面是由许多板块构成的，这些板块并不是静止的，而是在极缓慢地移动着。板块与板块如果相互挤压，地面就会隆起，经过千百万年，就形成了高耸入云的山脉。而那些互相远离的板块，由于出现了缝隙，就会成为深不可测的海沟或大峡谷。

349.晚来的春天

浅色的沙子在光能转化成热能之前，就已将大部分光线反射回去了。深色的土吸收了光，并转化成热能，所以深色的土会比较热。太阳光照射到地球上时，也是这个道理。深色地区充分地吸收了阳光，天气很快就变暖了。浅色地区吸收的阳光少，天气变暖的速度就会比较慢。

所以，在同一纬度下，大雪覆盖的地区，春天来得会晚一些。

350.移动的地壳

这个实验真实地再现了地壳运动的原理，往上移动的纸就相当于岩浆通过海洋地壳的薄弱缝隙处的移动，移动上来的纸就相当于新岩石层，黏土相当于已有的岩石层，被新岩石层推动向两侧移动。

351.制作日晷

日晷上的指针在背着阳光的方向投下阴影。它投下阴影的位置随着太阳的移动而变化。事实上，太阳是相对静止的，只是地球

围着太阳在转动。所以，在位于地球上的我们看来，太阳好像是从东方升起，中午升到最高点，最后从西方落下，将这个表面变化通过全天等分，就形成了日晷。

352.宇宙黑洞

气球里的气体具有能向外胀的力，也就是气体压力，而气球的胶皮具有能阻止外胀并向里收缩的力（弹力），当这两种力处于平衡状态时，气球的大小保持不变。但是一旦气体压力减少，就会使气球变小。黑洞的原理与上述情况很相似。天空中的星星由于自身中心部位发生核反应而产生光，这是一种从内向外推的力。星星受到重力拉引力和向外推的力，如果核反应一旦停止，那么，两个力的平衡状态被破坏，在重力的作用下迅速向中心部位收缩。如果星星的质量非常大，那么，拉引力也会非常强，就变成了一个连光都能吸进来的黑洞。

353.彗星的尾巴

毛线由于风的吹动而飘起来，同理，彗星在绕太阳飞行的时候，由于受到太阳发出的强烈的太阳风的作用，彗星的尘雾云会被太阳风吹起来，向背离太阳的方向伸展。随着彗星越来越接近太阳，太阳风的强度增大，尘雾云就形成了背离太阳方向的一条尾巴。

354.厄尔尼诺现象

当对着水面吹气时，玻璃缸内的水会随着气流而流动，一边会形成带有颜色的深水层，另一边会形成浅水层。当停止吹气后，有颜色的水又会流回到原来的地方。这类似于"厄尔尼诺"现象。

355.昼夜交替现象

地球是个不透明的椭圆形球体，太阳的位置是相对固定的，而地球绕地轴自转一次的时间为24小时。在地球自转的过程中，太阳照射到地球的那一面比较亮，就是白天，而背对着太阳的那一面则是一片漆黑，就是黑夜。

356.测量降雨量

从天上降落到地面上的雨水，未经蒸发、渗透、流失而在水平面上积聚的水层深度，我们将其称为降雨量（以毫米为单位），它可直观地表示降雨的多少。目前，气象站测定降雨量的常用仪器有雨量筒和量杯。雨量筒的直径一般为20厘米，内装一个漏斗和一只瓶子。量杯的直径是4厘米，雨量筒中的雨水倒在量杯中，根据杯上的刻度就可以知道当天的降雨量了。

357.地表岩石的由来

油的密度比水小，因此，油滴会漂浮到水面上。通过这个原理，我们知道地球内部由岩石构成。而地球内部的温度很高，当岩石受热后，就会变形，且密度比周围其他的岩石小，从而形成了固体的岩滴。这些岩滴不断地向地表推进，其热量也不断地软化着地壳。当岩滴累积到一定程度时，就能突破重重障碍来到地表，形成在地表上能看得见的岩石。

358.保护臭氧层

在实验中，玻璃瓶相当于我们的地球，口香糖相当于地球外的臭氧层，热水是导致臭氧层被破坏的各种物质。在现实生活中，对臭氧层起到破坏作用的物质有很多，其中冰箱的制冷系统会排放出氟利昂这种化学物质，它是破坏臭氧层的罪魁祸首。臭氧层被破坏，地球就会减少一道阻挡紫外线的保护层，这对我们的健康和地球的生态都造成了不利的影响。

359.酸雨危害大

泡在掺有柠檬汁的水中的粉笔上产生了泡沫。含有柠檬汁的水是酸性溶液，因此含有酸性成分，泡沫是这个酸性成分与粉笔中的石灰石（碳酸钙）所起反应的结果。而在自然界中，即使是未被污染的雨也呈弱酸性。这是因为空气中的0.035%的二氧化碳溶液在雨中变成碳酸的缘故。从工厂烟囱里和汽车尾气中排泄的废气在大气中扩散，那就是另一种情形了。废气中含有亚硫酸气体（二氧化硫）或氮氧化合物等污染物质。这些污染物质溶解在雨中，就会生成硫酸或硝酸等强酸性溶液，这就形成了酸雨。酸雨对大理石等原料建成的建筑物有很强的腐蚀性，因为它与以碳化钙为主要成分的大理石起化学反应，所以容易造成破坏。

360.岩浆喷发

堆积着岩浆的地方因为压力大，岩浆随压力之差而移动，正如牙膏受到手指的压力被移动而充填别的地方一样。来回游动着的岩浆冲破地壳表面的薄弱之处，跑到外面，变成熔浆。这同在手的压力下，牙膏不能往下走，而只能通过锥孔往外流出，是一个道理。

361.霜的形成

白色的霜是因为玻璃瓶外面的水蒸气遇到了0℃以下温度的瓶子而在瓶壁上形成的。我们都知道，水有3种形态，常温状态下，它是液态，如果遇到低于0℃以下的温度，它就会变成固态的冰，我们这里所说的霜就是固态的一种。在寒冷季节的夜晚，空气中的水蒸气遇到地面附近0℃以下的物体，就会直接在上面结成小冰晶，就是霜。如果空气中的水蒸气在空中遇到0℃以下的温度而结成小冰晶，那么就会形成雪，飘落到地面上。

362.潮起潮落的奥秘

碗里的水出现这种现象，是离心力在起作用。离心力对旋转的物体产生作用，旋转的速度越快，该物体中的容纳物就会飞到物体外缘。海水随着地球的自转，也在旋转，因为离心力的作用，使它们有离开旋转中心的倾向，这就好像旋转的雨伞，会把伞面上的水甩出去一样，表现在海水上面，就是浪潮向前汹涌。同时，海水还受到月球、太阳和其他天体的吸引力，因为月球离地球最近，所以月球的吸引力较大。这样，海水在这两个力的共同作用下形成了引潮力。由于地球、月球在不断地运动，地球、月球之间的相对位置在发生周期性的变化，因此，引潮力也在周期性地变化，这就使潮汐现象周期性地发生。

363.自制晴雨花

用浓盐水浸泡过的纸花容易吸收水分。阴天时，空气的湿度大，纸花吸收水分会显得深一些；晴天时，空气的湿度较小，纸花吸收不到水分，看起来就会淡一些。

364.制造出来的云雾

天上飘浮的白云，有些是由水蒸气凝聚而成的，有些是由浮动着的冰粒或冰的晶体组成的。在寒冷的冬天，常常会出现这样的情景：从嘴里呼出一口气，马上就会形成淡淡的云雾状。这是因为在你呼出的空气里，含有水蒸气，这些水蒸气从口中呼出，一遇到冷空气，就凝结成了微小的小水滴。

365.湿度计的做法

水在蒸发时会吸收周围的热量。棉花中的水在蒸发时带走了它附近的一部分热量，因此，其上方的温度计的读数要比另一支温度计低。水蒸发得越快，温度计上的读数就越低。湿度计中的两支温度计读数相差越大，说明空气的湿度越小。

366.变化的天气

在大自然中，当含有很多水蒸气的热空气上升到一定位置的时候，它在空气中就会渐渐冷却，冷却后的水蒸气就会凝结成无数的小水珠，这就是我们平时看到的云。如果遇到更冷的环境和更多水蒸气的包围，云中的水滴就会越积越多，也越来越重，云朵无法承受的时候，它就会变成雨点掉落下来。在实验中，开水沸腾，跑到外面的那些气体，包含了很多水蒸气，遇到外面相对来说要冷的环境后，水蒸气就在盘子的底部凝结成小水滴。越来越多的水蒸气聚集在盘子底部，最后形成大的水珠掉下来。